追寻脱贫攻坚者的足迹

《追寻脱贫攻坚者的足迹》编委会 编

U0330523

中山大学出版社

·广州·

图书在版编目（CIP）数据

追寻脱贫攻坚者的足迹/《追寻脱贫攻坚者的足迹》编委会编 . 一广州：中山大学出版社，2023.5

ISBN 978 - 7 - 306 - 07760 - 8

Ⅰ. ①追… Ⅱ. ①追… Ⅲ. ①扶贫—工作人员—访问记—中国—现代　Ⅳ. ①F126 ②K820.7

中国版本图书馆 CIP 数据核字（2022）第 043889 号

出 版 人：王天琪
策划编辑：赵　冉
责任编辑：赵　冉
封面设计：曾　斌
责任校对：王贝佳
责任技编：靳晓虹
出版发行：中山大学出版社
电　　话：编辑部 020 - 84110283，84113349，84111997，84110779，84110776
　　　　　发行部 020 - 84111998，84111981，84111160
地　　址：广州市新港西路 135 号
邮　　编：510275　　　　　传　真：020 - 84036565
网　　址：http://www.zsup.com.cn　　E-mail：zdcbs@mail.sysu.edu.cn
印 刷 者：佛山市浩文彩色印刷有限公司
规　　格：787mm×1092mm　　1/16　　15.25 印张　　265 千字
版次印次：2023 年 5 月第 1 版　　2023 年 5 月第 1 次印刷
定　　价：38.00 元

谨以此书献给中山大学一百周年华诞

（1924 — 2024）

追寻脱贫攻坚者的足迹
编委会

顾　　问：陈春声、高　松

策　　划：国亚萍

主　　编：许东黎

副 主 编：林炜双、关　键、黎晓天

执行主编：梁一川、陈保瑜

扶贫路上的中大担当

——《追寻脱贫攻坚者的足迹》序言

2021 年 2 月，习近平总书记在全国脱贫攻坚总结表彰大会上发表重要讲话，庄严宣告，经过全党全国各族人民共同努力，在迎来中国共产党成立一百周年的重要时刻，我国脱贫攻坚战取得了全面胜利，现行标准下 9899 万农村贫困人口全部脱贫，832 个贫困县全部摘帽，12.8 万个贫困村全部出列，区域性整体贫困得到解决，完成了消除绝对贫困的艰巨任务，创造了又一个彪炳史册的人间奇迹！这是中国人民的伟大光荣，是中国共产党的伟大光荣，是中华民族的伟大光荣！

党的十八大以来，中山大学在党中央、国务院统一部署下，按照教育部、广东省的工作安排，先后承担起定点扶贫云南省临沧市凤庆县、广东省连州市保安镇种田村、广东省连州市丰阳镇柯木湾村的光荣使命。在脱贫攻坚这场恢宏战役中，中大人勇担使命、攻坚克难、不负期待。通过校地共同努力，2015 年，连州市种田村基础设施和公共服务设施得到切实提升，村容村貌和发展环境明显改善，贫困户经济收入不断提高，全村 87 户贫困户顺利脱贫。2019 年 4 月 30 日，云南省人民政府正式批准凤庆县退出贫困县序列，2020 年贫困发生率已清零。2020 年粤北山区柯木湾村村集体收入超过 30 万元，是帮扶前的 60 多倍，全村 72 户贫困户高质量脱贫出列。学校连续四年获中央单位帮扶工作成效考核最高等次"好"，获评教育部直属高校第四届、第六届、第七届精准帮扶典型案例，入选 2022 年全国消费帮扶助力乡村振兴优秀典型案例，多人次获评省级"脱贫攻坚先进个人""脱贫攻坚先进集体"荣誉称号。

翻看学校定点帮扶工作组历时 1 年多编成的《追寻脱贫攻坚者的足迹》一书，看到来自我校的教师、医生、干部、学生、校友，一批接一批，舍小家为大家，带着帮扶的真情实意，前往千里之外的贫困山区，扎扎实实地服务当地，带去实用的知识、精湛的医术、先进的技术、落地的项目，我深受感动、感触很深。我想在脱贫攻坚与乡村振兴转段衔接这样一个特殊的历史节点，来追寻脱贫攻坚者的足迹、回顾扶贫路上的中大担当，是很值得肯定的一件事情。

我一直认为，大学的扶贫工作一定是有自身特色的、有人文情怀的、有育人理念的。人才培养是大学的根本任务，大学参与扶贫对自身的人才培养也是双赢的。通过本书的详细梳理，我们高兴地看到：

我校师生做到了把脱贫攻坚主战场作为研究平台，扎根中国大地做学问，为脱贫攻坚贡献智慧力量。比如，地理科学与规划学院用时2年，为柯木湾村下辖的夏东村把脉景观提升、编制旅游规划，帮助夏东村打造成为了连州市生态村。地球科学与工程学院用时1年半，完成了连州市3009个采样点的土壤采集、处理和测试，最终成稿的《广东省连州市土壤硒元素含量调查项目成果报告》为连州打造"岭南硒谷"提供了坚实依据。以此为基础，我校推动连州丰阳镇申请广东省天然富硒土壤认定，助力当地写好富硒农业产业文章。师生们在扶贫战线扎根钻研，写就的是家国情怀，镌刻的是时代印记。

我校师生做到了把脱贫攻坚主战场作为应用平台，在脱贫攻坚一线检验科研成果，用科研技术服务贫困群众。比如，附属第七医院针对凤庆县消化道疾病多发特点，在凤庆县启动"胃癌精准化'三位一体'防治项目"，该研究获得国家可持续发展示范区科技专项。药学院在凤庆县设立专家工作站，围绕核桃精深加工深入合作，为凤庆县落地超临界二氧化碳萃取核桃油、茶籽油生产线，帮助市场价格下滑明显的核桃等农特产品提高附加值。2022年，还在凤庆县建成核桃研发中心，用科技力量助力云南省临沧市打造核桃全产业链条。师生们在扶贫战线落地实践，助力的是一方水土，展现的是奋进担当。

我校师生做到了把脱贫攻坚主战场作为干事创业平台，在大山乡间挥洒汗水，在助人过程中收获成长。自帮扶凤庆以来，我校10家附属医院分4批次，共派出40位医疗骨干赴凤庆县开展长期派驻医疗帮扶。已有400余位医疗骨干赴凤庆县开展短期带教、义诊等帮扶工作。学校附属中学退休教师、研究生支教团成员扎根凤庆长期支教。我校已向凤庆县选派挂职干部10位，向连州市选派挂职干部10位，后方工作组先后共有10位干部直接参与帮扶工作。学校"青马班""马研班"和暑期"三下乡"队伍等学生团队也曾多次赴扶贫点开展社会实践。师生们把"小我"融入"大我"，把个人融入党和国家的事业发展，承担的是使命职责，书写的是树人篇章。

在我看来，《追寻脱贫攻坚者的足迹》一书，还有着几点特殊的价值。在百年校庆即将到来之际，这本册子提供了一份独特的中大校史材料，展现了中大人在国家脱贫攻坚大战略中的担当和作为，并用故事性的叙述呈现了这一历程中的典型人物、典型事迹，是一份很好的历史档案。这本册子为思政理论课提供了一份鲜活教材。我们的师生可以通过一个个鲜活的故事，看到脱贫攻坚的不易，看到一线师生的付出，看到中大人的实干与担当。这本册子是师生领会脱贫攻坚精神的重要载体。"上下同心、尽锐出战、精准务实、开拓创新、攻坚克难、不负人民"的脱贫攻坚精神，在我校脱贫攻坚的历程中都得到充分展现。

本书很多稿件由学生参与采写，学生们留下的采访手记让我印象很深。有学生写道："采访过后，尤其是实地考察凤庆县之后，我真真切切地感受到，有这样一群人，他们满怀热情与干劲，将自己筑成一座坚实桥梁，帮助贫困群众走向共同富裕。"这就是一种精神的传承。同事们还告诉我，参与此书采访工作的同学里，有同学已经成为学校研究生支教团凤庆分队的一员，已于 2022 年 8 月赴凤庆帮扶一线支教，成为了乡村振兴一线的一员。这是种子的生根发芽，也是教育的意义所在。习近平总书记曾指出："青年时代，选择吃苦也就选择了收获，选择奉献也就选择了高尚。"我们中大学子忠实践行总书记的谆谆教诲，前往西部，扎根基层，锤炼自我。我相信，在接下来的乡村振兴工作中，一定会有越来越多的师生，接过脱贫攻坚者的接力棒，胸怀"国之大者"，在祖国广阔的天地间施展才干，贡献才智。

最后，我想借此机会，对学校所有参与和支持脱贫攻坚和乡村振兴事业的教师、医生、干部、学生、校友，表示由衷的感谢。

是为序。

陈春声

2022 年 12 月

目　录

凤　庆　篇

郑哲：用心当好"开荒牛"，用情搭起一座桥 ………………… 3

朱志辉：用心用情，笃言笃行 ………………………………… 10

曹新：凝心聚力齐攻坚，薪火相传助脱贫 …………………… 17

王克：真做事，做实事，做好凤庆和中大的桥梁 ………… 24

麦伟立：平凡的坚守 …………………………………………… 33

郭兴勇：人来了，心也来了 ………………………………… 41

蓝澍德：千里赴红塘，甘为孺子牛 ………………………… 51

葛发欢：发挥一流学科优势，助力凤庆脱贫攻坚 ………… 59

李建辉：在边疆绽放生命新精彩 …………………………… 65

中山大学研究生支教团凤庆分队：既是传承者，也是开拓者 … 70

连　州　篇

沈文杰：在"硒"望的田野上，用专业助力乡村振兴 ……… 79

刘立欣：把规划和教学做到扶贫攻坚第一线 ……………… 85

李晓超：柯木湾村红土地迎来的新书记 …………………… 91

古添雄：心系山村，情牵柯木湾 …………………………… 98

李锐：从大学到农村的最美第一书记 ……………………… 106

赵一波：以诚意与真情投入扶贫 …………………………… 117

杨华岳：脚下沾泥土，心中留真情 ………………………… 124

沙敏：把理想写在农村大地上 ……………………………… 132

曾毅斌：走进村民心中，抓好户建促扶贫 ………………… 137

刘嘉：用心用情做好每一件小事 …………………………… 143

医疗帮扶篇

蔡华雄：让健康笑容在彩云之南绽放 ……………………… 151

曹务腾、熊斐、郑停停：持续帮扶书写奋斗芳华 …………………… 157

曾钢：凤庆县人民医院帮扶记 ………………………………………… 167

曾映娟、孙莹：凤庆人民家门口的中大医者 ………………………… 174

何裕隆、张常华、李明哲、方烁、黄张森：薪火相传，倾情帮扶 …… 180

蒋小云、巴宏军、张军："造血式"帮扶，培养带不走的医疗队 …… 195

孔亚楠、邢蔚：家门口的中山医 ……………………………………… 204

赖菁、湛海伦：倾情奉献，守护生命健康 …………………………… 213

刘良平：青年党员办实事，勤恳奉献护光明 ………………………… 219

周俊：在"滇红之乡"挥洒青春激情 ………………………………… 224

后记 …………………………………………………………………… 230

凤

庆

篇

郑哲：用心当好"开荒牛"，用情搭起一座桥

郑哲
（来源：校工会①）

人物简介：郑哲，中山大学中国语言文学系（珠海）党总支书记，2013年4月至2015年4月挂职云南省临沧市凤庆县副县长，为中山大学选派的第一位挂职干部。2021年4月，云南省委、省政府向学校赠予"制度优势聚民心，扶贫扶智建功业"锦旗，郑哲等凤庆县原挂职干部获得"支援云南省脱贫攻坚先进个人"称号。

---

① "校工会"指"中山大学工会委员会"，下同，不一一标注。

搭建沟通桥梁，确定帮扶规划

2013 年 3 月，根据国务院扶贫办等八部门《关于做好新一轮中央、国家机关和有关单位定点扶贫工作的通知》和教育部《关于做好直属高校定点扶贫工作的意见》的要求，中山大学对云南省临沧市凤庆县的定点扶贫工作正式启动，时任校监察处副处长的郑哲应组织选派，成为中大选派的第一位挂职干部。用郑哲自己的话说，第一任副县长的工作定位是"开荒牛""开拓者"。郑哲说道，作为第一任挂职干部，他面对的是一张白纸，要如何在这张白纸上把教育部、中山大学交托给他的任务好好完成呢？他认为，首先要搭建起中大和凤庆县、中大的云南校友与凤庆县之间沟通联系的桥梁。只有把桥梁搭建好，真正建立起两地的情谊，后续的帮扶工作才能更好地进行。

凤庆县地处云南省西南部、临沧市西北部，这里重峦叠嶂，山川相连，13 个乡镇在山区间零星散布，通行并不方便。在临沧至大理的动车开通之前，从广州到凤庆，需要从昆明中转到临沧机场，再乘坐近三个小时的汽车方能到达。但是，学校领导不畏路途遥远、交通险阻，非常重视与凤庆县的沟通交流。郑哲在任期间，时任校党委书记的郑德涛就曾三次前往凤庆指导工作，现任校党委书记的陈春声更是多次前往，他们每次到来都加强了双方的联系，推动了扶贫任务的落地落实。而凤庆县委、县政府领导也多次率扶贫办、教育局、卫生局、政务服务管理中心、招商局等部门到学校进行交流。就这样，双方不断加深了解，建立了深厚的感情，就像陈春声书记所说："中山大学和凤庆之间就像亲戚一样走动自然。"这些工作的顺利开展与郑哲亲手搭建起的良好平台是分不开的。

在中大开展帮扶之前，凤庆县到乡镇的道路硬化不足，乡镇小学设施较为落后，医疗水平有待提高，产业面临做不大、走不远的困难。2013 年 8 月，郑哲通过全面的调研，在取得学校党委支持的基础上，与凤庆县委、县政府充分沟通，制订了扶贫路线图和时间表，推动双方签订了帮扶框架协议，确定了从 2013 年延续至 2020 年的帮扶项目、帮扶内容，涵盖教育扶贫、医疗扶贫、产业扶贫、旅游开发、旅游规划以及招商引资等方面。帮扶框架协议就发展战略研究与社会管理服务咨询、人才队伍建设、教育领域、医疗卫生领域、科技领域、信息化领域、招商引资、社会捐助八个方面的帮扶达成了共识，为双方开展长期帮扶合作打下了坚实的基础。

扶贫先扶智，支学要"支心"

凤庆县第二完全小学原称"庆甸完全小学"，原有的教学楼年代久远，建造时因钢筋缺乏，楼板使用竹子和水泥作为支撑。随着时间的推移，房屋整体出现险情，被定为 D 级危房。由于缺少建造新教学楼的资金，凤庆第二完小[①]只能把临时搭建的建筑当成教室，一部分学生甚至仍在十分危险的旧教学楼一层上课。郑哲进行调研之后，对这一情况十分重视，并及时向校领导汇报。中大整合校友资源，向凤庆第二完小捐赠 315 万元用于建造新教学楼和一间多媒体课室。2015 年，崭新的四层教学楼正式落成，并命名为"逸仙堂"，象征中山大学与凤庆县的友好情谊。

2015 年，中大筹资建成凤庆第二完小教学楼"逸仙堂"
（来源：校工会）

除了为学生们建起安心读书的课室，郑哲还把目光放在了支教团上。2014 年以前，中山大学的研究生支教团主要在云南省澄江县和西藏自治

① 本书学校、医院等简称符合日常简称习惯，可据上下文推断（如，凤庆第二完小为"凤庆县第二完全小学"之简称、中大为"中山大学"之简称，等等），为行文流畅，故不一一加注。

区林芝市支教，郑哲来到凤庆之后，推动建立了凤庆县鲁史中学支教点。选择鲁史中学作为中山大学的支教点，郑哲有自己的用意。鲁史中学是凤庆县唯一一所位于山区的高级中学，与县城距离80余公里，需三个小时的车程才能到达，教学资源和生源质量与位于县城的几所中学都有很大差距。在经过数次调研和慎重考量之后，郑哲最终选择鲁史中学为中大研究生支教团的支教点。他认为，由于鲁史中学师资缺乏，支教同学在这里能充分发挥作用，能更切实地帮助凤庆的乡镇教育。同时，这个过程中能让中大学子深入农村，了解国情，自觉增强社会责任感和使命感，培养家国情怀。2014年，中山大学派出的第一届研究生支教团，由刘友武、杨子、宋嘉颖三位同学组成。他们一到鲁史中学，马上就承担起当班主任、单独主持课程教学的重任。截至2021年，中山大学已选派八届共28名本科毕业生和在读硕士生赴凤庆县鲁史中学支教。2018年，第20届研究生支教团的钟滔、谢杭、孙雨婷和杨文锦背负重任，任教高三毕业班。在他们的学生中，九人上了一本线，还有第一个走出山区考上中山大学的学生。截至2021年，中山大学累计录取凤庆籍学生24名。

据2021年的支教团成员黄晓波、梁伟诺介绍，第一届研究生支教团来到鲁史中学时，这里的街区缺乏规划、道路泥泞，生活用水缺乏保障，停水的时候，甚至只能依靠大水桶来储水。停电也时常困扰着这里的群众，遇上停电的日子，学生只能点着蜡烛上课。在脱贫攻坚战中，中山大学支教团见证了鲁史镇翻天覆地的变化，小镇有了整洁、宽敞的新街道，用电用水有了保障，"厕所革命"大大改善了人们的生活……这些改变，离不开郑哲等挂职干部的努力，也离不开中山大学和凤庆县政府的重视和支持。

跨越千山万水，把光明带向彩云之南

医疗帮扶是中大帮扶工作的重点之一。帮扶之初，由于凤庆县对中山大学了解不多，向我校提出的帮扶请求中并无医疗项目。在随后的工作过程中，郑哲向县委、县政府主要领导详细介绍了中山大学医科的悠久历史和雄厚资源，建议充分发挥中大医科优势，从医疗方面对凤庆县进行帮扶，这得到了凤庆县委和县政府的支持。2014年3月14日，中山眼科中心派出第一支医疗队前往凤庆开展义诊、手术和医疗技术带教活动。这次活动的主要内容有：为当地眼科医生护士进行眼科专业培训，开展查房、病例讨论、眼科手术示教培训、专题讲座等活动；开展免费手术、义诊活动，为义诊患者赠送眼科药品；为贫困中小学生进行视力检查、配镜，并赠送眼镜。由 16 名眼科专家组成的医疗队，跨越千山万水来到凤庆时，大多有些头晕和疲累。前来接机的郑哲鼓励道："你们是中山大学对口帮扶云南凤庆县工作开展以来派出的第一支医疗队，凤庆县的广大人民群众对大家都非常期待，接下来的五六天要开展义诊和手术，任务非常繁重，希望大家保存体力。"

3 月 17 日，医疗队在凤庆县人民医院住院部一楼举行大型义诊活动，郑哲回忆道，当时余敏斌为一位接受白内障手术的患者摘开眼包，在患者重见光明的那一刹那，他不禁握紧了余敏斌的双手，这一场面令人十分感动。中山眼科中心不仅"授人以鱼"，为凤庆带来了先进的治疗技术，也"授人以渔"，通过教学查房、病例讨论、眼科手术示教培训、专题讲座等多种形式为凤庆基层眼科医生开展培训。除了以义诊、组织医疗队带教等形式帮扶凤庆外，郑哲还向中大提出请相关附属医院提供一些培训名额，让凤庆医生来到广州接受培训，系统提升其医疗技术水平的申请。在郑哲任职的两年期间，中大附属医院接收了多位来自凤庆县人民医院、中医医院以及疾控中心的干部及医生，进行了至少半年的免费培训。由此，中山大学医疗系统对凤庆的帮扶持续展开，大大提升了凤庆县医疗卫生服务水平。在校地共同努力下，2018 年 10 月，凤庆县人民医院成为国家全面提升综合服务能力 500 家县级医院之一。

中山眼科中心派出医疗队前往凤庆开展义诊手术活动

（来源：校工会）

滇西山林密布，连接乡镇的道路多盘山而建，道路十分狭窄颠簸，往往路边就是险峻的悬崖。在雨季，时常还有遭遇山体滑坡的危险。一次，郑哲冒着暴雨前往临沧市开会，路上就遇到山石滚落的险况，幸而经验丰富的司机冒险冲了过去，刚过去不久，这段道路就被倾泻的山石阻断。由于临沧机场起降条件受限，从昆明飞往临沧的航班经常来到临沧上空又折返回昆明，这在郑哲挂职期间已是家常便饭。还有一次，陈春声书记等学校领导在前往凤庆进行调研的时候，由于临沧机场无法降落飞机，飞往临沧的航班被临时取消。如果乘坐第二天的航班前往临沧，那么原本的工作计划将被打乱。陈春声书记当下决定：从昆明乘车前往凤庆。在经历了十几个小时的颠簸车程后，终于在凌晨到达了凤庆县。短暂休息过后，陈春声书记一行就投入了紧张的工作之中。

2014 年 8 月，郑哲于凤庆小湾电站进行旅游规划调研
（来源：校工会）

艰险的道路不曾阻隔中山大学对口帮扶凤庆的一片心意，多大的危险也不曾使凤庆县挂职干部望而却步。在任职的两年里，郑哲走遍了凤庆县13 个乡镇，认真务实地进行调研、走访工作。通过郑哲等挂职干部的辛勤工作，中山大学与凤庆县结成了真挚的友谊，跨越千山万水，将心意传达至彩云之南。在中大帮扶活动开始之后，越来越多的教师、校友了解到凤庆县的情况，自发自愿地为帮扶凤庆出一份力。如管理学院的谭劲松，得知帮扶计划后，从 2014 年秋季开始组织"荔枝行动——凤庆站"公益活动。"荔枝"谐音"励志"，通过组织发动管院的老师、校友，筹集资金用于帮扶凤庆县第二中学因贫困失学的学生，资助其生活费等。这个项

目截至 2020 年，已资助凤庆县家庭困难学生 111 人，总金额为 148.1 万元，而且越来越多的有识之士不断参与其中，项目规模不断壮大。

时任凤庆县扶贫办主任徐志坤介绍道，如果用一个词来形容郑哲，那就是"实在"：实实在在帮扶、严谨务实做事，对凤庆有非常深的感情。他感慨道，中山大学的扶贫帮扶工作，用两个字形容就是"感动"："千山万水，不远万里，用心、用情、用力真帮扶，给钱、给力、给智出效果。"2019 年，凤庆县历史性地脱贫摘帽，5 个建档立卡贫困乡（镇）、159 个建档立卡贫困村全部脱贫出列。扶贫取得实效，友谊仍在继续。

采访手记

当飞机降落在大理荒草坝机场，我踏出了凤庆之旅的第一步。原本，从广州到凤庆，需要从昆明中转临沧机场，再绕着蜿蜒的山路盘旋近三个小时。自云县至大理的动车开通后，我们得以避免了晕车之苦。"新"，是我对凤庆旅途的第一印象。崭新的动车，崭新的车站，连通往凤庆的公路都焕然一新，司机不时指着公路下的老路给我们看，谈笑着就到了凤庆。

采访扶贫干部时脑海中形成的模模糊糊的印象，在踏入凤庆时变得清晰起来。接下来几天，我们接连参观了凤庆县人民医院、凤庆三中、平村完小以及中大驻村帮扶的落星村和红塘村。眼前是一片崭新的景象：凤庆县人民医院的新院区里，家长抱着嗷嗷待哺的新生儿；平村完小的新教学楼里，刚毕业的学生用调皮的语句写下对明日的期许；村里的移民安置点中，孩子们在刚建好的篮球场开心地玩耍着。此行凤庆，原本是要采访与中大帮扶相关的人物事迹，但数日的见闻，让我冒出了新念头：我们不仅是采访者，也是亲历者、见证者，见证的是凤庆从贫困县脱贫摘帽的历程，亲历的是凤庆走在乡村振兴道路上的样子。

从带领我们参观的扶贫干部口中，我们得知凤庆脱贫绝非一朝一夕之功。重访挂职干部的宿舍，记录他们走过的道路，我们再次感到扶贫的不易，对于他们付出的辛劳有了深切的体会。这么多天来，我们听到最多的话是"如果没有这次活动，你们应该不会想要来到凤庆"。但是，虽然这次旅程才短短五天，我已经深深爱上凤庆澄澈的蓝天、清凉的微风，还有人们真挚诚恳的笑脸。如果还有机会，我一定会重返凤庆，看看这片土地焕然一新的模样。

（作者：梁恺桐，2020 级历史学系研究生）

朱志辉：用心用情，笃言笃行

朱志辉
（来源：校工会）

人物简介：朱志辉，现任中山大学党委组织部正处级专职组织员，2015年4月至2016年4月挂职云南省临沧市凤庆县副县长，高效对接中山大学与凤庆县的对口帮扶工作。

2013年起，中山大学积极响应党中央号召和教育部部署，对云南省临沧市凤庆县开展定点帮扶。凤庆县地处滇西，高山峡谷交错纵横，平均海拔1500米左右，被列为国家级贫困县。当中山大学党组织询问朱志辉到凤庆县挂职的意愿时，他不曾有丝毫犹豫，勇敢地接下这一重担。

2015年，朱志辉作为中大第二任挂职副县长，只身前往凤庆，投身脱贫攻坚战。当时，他的孩子正在读小学，正是需要他陪伴在身旁的时刻。但朱志辉舍小家顾大家，毅然选择了凤庆，选择了党员的理想与信念。

依托中大平台，"想群众之所想，急群众之所急"

朱志辉跨越千里河山，从广州到凤庆，从平原到山区，从发达地区到欠发达地区，零距离地直面东西部发展差距，这更促使他下定决心，要不遗余力地帮助凤庆。他坚信在"先富带后富，携手奔小康"发展战略的正确指引下，在对口帮扶模式的制度优势下，凤庆县一定能成功摘掉贫困县的帽子。

经过第一位挂职副县长郑哲的有效对接，中山大学和凤庆县基本拟定帮扶框架协议。朱志辉从郑哲手中接过对口帮扶的接力棒，继续有效地将中大在医疗、教育方面的优势衔接在帮扶工作中，开展对凤庆的精准帮扶。在挂职过程中，朱志辉清晰感受到凤庆与广州的政策环境、人文环境和自然环境的差别。他认为，中山大学作为一所综合性大学，应扬长避短，发挥其在教育扶贫、医疗扶贫上的优势，帮助凤庆人民实现学有所教、病有所医。

朱志辉一直想为凤庆人民排忧解难，为群众办实事、办好事、办身边事，让群众共享改革发展成果。当时中大每年轮番向凤庆派驻附属医院专家团队，开展学术指导和义诊。但朱志辉不满足于此，他结合凤庆人民最迫切的医疗需求，主动联系中山大学孙逸仙纪念医院、中山眼科中心、附属口腔医院，为群众解决燃眉之急。

在他的努力下，2015年9月，中山大学孙逸仙纪念医院派出妇产科、内科、肝胆外科、麻醉科等八名专家赴凤庆县开展为期一周的医疗帮扶活动，该专家组为500名群众提供义诊咨询服务，完成手术22台次，举行了11场专题讲座，教学查房10次，培训医务人员820余人次。中大坚持输血与造血相结合，致力于为凤庆培养高水平的本地医生，让凤庆人民在家门口就能享受到一流的医疗服务。

在当年的医疗帮扶计划之外，朱志辉还争取到附属口腔医院的医护专家来凤庆开展义诊活动。该活动共义诊117人次，通过手术示教、病例讨论、讲座等形式进行学术指导，并举办了关于口腔疾病诊疗及健康保健的

11

学术讲座。"预防是最经济、最有效的健康策略。"这些医疗活动致力于为人民提供全方位全生命周期的健康服务，提高群众健康管理与疾病预防的意识，从根本上阻断疾病的发生。

朱志辉陪同孙逸仙纪念医院专家医疗组到凤庆县开展医疗帮扶工作
（来源：校工会）

2016年4月初，中山眼科中心医疗专家队再次来到凤庆县开展大型义诊帮扶活动，为群众进行1135次眼疾义诊，完成186台高质量的白内障免费复明手术。白内障手术不但关系到患者个人后半生的生活质量，还关系到扶贫的大局。患者在手术后得以重见光明，世界在他们眼前再一次清晰起来，他们便能再次担起家庭的责任，自力更生脱贫致富。"医疗扶贫，让全民健康托起全面小康。"

教育扶贫是根本性的、可持续的减贫手段。2015年凤庆县第三完全中学成立之初，学校的行政管理、教学设施和师资力量方面都还处于起步阶段。因此，凤庆三中校长段成双想到可以向朱志辉寻求帮助，看看中大能不能在学校建设和教学资源上施以援手。朱志辉接到这一请求后，十分挂心凤庆三中的建设。凤庆三中的学生们大多来自各个乡镇，对凤庆三中开展教育帮扶能有效促进当地教育资源的均衡与下沉，让更多乡镇学生也能接受优质的教育。于是，他连假期也不休息，马不停蹄地赶到广州，与时任中山大学附属中学校长廖珂沟通对接。双方一拍即合，开启了两校合作办学的新项目，牵起这段跨越千里的情缘。9月，朱志辉亲眼见证了两校合作签约的仪式。中大附中自2015年起，对凤庆三中开展为期五年的教学帮扶，两校携手共同进步，阻断贫困在凤庆的代际传递。

朱志辉在凤庆三中与中大附中合作签约仪式上讲话
（来源：校工会）

扶贫必扶智，干部培训贯穿中大定点扶贫的全过程。2015 年中大开展三期提升培训班，共培训 149 人次。中山大学多个学院各尽所长，围绕生态保护与旅游开发、企业经营与人才培养、社会民生与政务管理等多个方面，对凤庆领导干部和企业负责人进行针对性培训。东南沿海的新鲜气息吹进了凤庆这座滇西小城。对此，时任凤庆县政府办副主任张叶总结得最为贴切："凤庆的对外窗口扩大了，交流机会多了，干部培训多了。"

发现村民需求，调动个人能量，寻求帮扶资源

在帮扶工作中，朱志辉常常主动出击，积极协调个人资源与家乡力量帮扶凤庆。他联系了自己的高中同学——加拿大枫华国际幼教中心董事长骆伟红，邀请对方来凤庆考察投资建设学前教育。在走访营盘镇忙岗村、洛党镇和德村途中，他对当地贫困户生活的苦与难感同身受，向每户赠予500 元慰问金，希望能略尽绵薄之力。虽然投资计划因受制于当地幼儿园办学体制等因素未能实现，但有更多人知晓了在中国滇西有这样一座小城镇，能带动更多人加入帮扶队伍，整合更多帮扶资源。

朱志辉与骆伟红一同慰问洛党镇和德村 20 户贫困户
（来源：校工会）

凤庆山好水好茶更好，但资源虽好，却仍需物尽其用。凤庆仍然停留在"茶资源大县"的初级阶段，凤牌滇红品质上佳，却未能充分占有市场。朱志辉喜爱饮茶，对此他极为上心。他利用专业优势，一面翻阅年鉴、县志等资料，一面实地考察凤庆 13 个乡镇，撰写了《大力推动茶资源大县向茶产业强县转变》的调研报告，为开发凤庆茶产业建言献策。他主张"做强滇红品牌，补齐普洱茶短板"，提出普洱和滇红"两手都要抓，两手都要硬"，以茶产业强县，助力脱贫攻坚与乡村振兴。在 2015 年抗战胜利 70 周年的历史节点上，朱志辉还策划了"滇红与抗战"宣传活动，深入挖掘滇红历史文化和抗战实业救国精神，赋予滇红更浓厚的文化底色，放大滇红的品牌效应。

朱志辉的家乡在惠州市博罗县。为了开拓凤庆红茶的市场，他用心良苦，主动联系家乡惠州商会，搭建双向交流渠道。一方面，朱志辉陪同凤庆领导干部前往惠州考察，学习借鉴茶企业先进的宣传推广和管理经验，做强凤庆特色茶产业，实现"发展产业脱贫一批"。另一方面，他邀请商会来凤庆进行商务考察，寻找合作的可能。惠州商会对凤庆茶叶的品质非常满意，决定与当地茶叶企业签订合作协议书，并向凤庆三所小学的 600名学生捐赠书包和文具盒。签约前一日还发生了一个小插曲：当日昆明飞往临沧的航班因天气原因临时取消，惠州商会会长一行人滞留昆明，万幸第二天副会长自驾赶到凤庆第二完小，有惊无险地完成了签约。

朱志辉挂职工作早已告一段落，但惠州商会企业及其乡贤在每年春茶期间总要来一趟凤庆茶园选购茶叶、茶饼。"这恰恰说明凤庆茶叶生态好质量好，留住了客户回头率。"朱志辉动情地说道。

广东省惠州商会在凤庆第二完小举行爱心捐赠仪式
（来源：校工会）

筚路蓝缕，以启山林

"筚路蓝缕，以启山林。"这是最能形容早一批挂职干部工作的一句话。一切工作都还未走上正轨，很多领域都需要尝试，早一批挂职干部也历经了很多扶贫路上的试错和辛酸。

朱志辉参观新华乡小学时，发现学校条件非常简陋，学生或蹲在地上或坐在地上吃饭。那一幕非常震撼，以至于当晚他吃饭都是含着泪咽下的。当时学校提出的需求是建一个操场，他端午节也不曾休息，动身回广州联系校友，但此事最终未能办成。朱志辉心心念念，辗转反侧，想为新华乡小学做些事情，尽一份心力。他询问为学校置办餐桌椅的费用，学校工作人员告诉他需要两万元，朱志辉二话不说就自掏腰包，帮助解决400名学生就餐桌椅的问题。事后，他跟他的爱人感慨道："这是我今年做得最实在的一件事情，虽然只是两万块，但是孩子们再也不用坐在地上吃饭了。"

在这场脱贫攻坚战中，挂职干部们付出的不只是热忱与气力。凤庆山高谷深，雨季时穿行其中，经常遭遇地质灾害和道路坍塌，险象环生。2015 年 7 月，云南已经进入雨季，中国农业大学学生计划前往鲁史镇调研，由朱志辉负责接待。一行人驶过横亘于澜沧江之上的莽街渡大桥后，停下来记录环境，收集调研资料。当时雨意正浓，土质不稳。正当他们重整行装继续上路时，前方斜坡上的大树轰然倒下，众人距危险仅一步之遥。朱志辉在营盘镇忙岗村调研时，曾亲眼看见前方车辆摔下深谷。但这些都没有削减和消磨他投身脱贫攻坚工作的信念与热情。百折不挠是他，义无反顾亦是他。一年的挂职工作走向尾声，朱志辉只遗憾一年匆匆，转瞬即逝，但"一年凤庆行，一生凤庆人"的情怀永驻他心中。

凤庆有需求，中大有资源，而挂职干部就是精准对接供需双方的坚实桥梁。作为挂职干部的一员，朱志辉饱怀热诚，敢说敢做，是一位真正的理想与行动兼具的实干者。

虽然已经离开了凤庆，但他的心仍时刻牵挂着那里。在说起凤庆茶叶时，他脱口而出："我们凤庆的茶就是好。"他仍将自己当作是一个凤庆人，并且深深地为凤庆自豪。五年倏忽而逝，中华大地上已经全面建成了小康社会，朱志辉想回去看看凤庆这座"金山银山"如今是何模样。

采访手记

采访之前，基于中大扶贫、凤庆脱贫的相关资料，我对朱志辉老师以及他的扶贫工作有很多想象。采访过后，尤其是实地考察凤庆县之后，我才真真切切地感受到，有这样一群人，他们满怀热情与干劲，将自己筑成一座坚实桥梁，帮助贫困群众走向共同富裕。我为自己亲耳聆听他们的故事而感到无比荣幸，同时也为中国跨部门、跨行业、跨地域调配资源、整合力量的脱贫攻坚工程感到无比自豪。

最后，还要感谢凤庆县扶贫办时任主任徐志坤、凤庆县人民政府办公室时任副主任张叶等为我们提供的口述资料。感谢他们从第三方的角度向我们介绍朱志辉老师的扶贫事迹、性格形象以及工作作风。

（作者：宋菲，2020 级历史学系研究生）

曹新：凝心聚力齐攻坚，薪火相传助脱贫

曹新（中）

（来源：校工会）

人物简介：曹新，中共党员，现任中山大学土木工程学院党委书记，2016 年 4 月至 2017 年 5 月在云南省临沧市凤庆县任挂职副县长。在任期间，积极推动中山大学对凤庆县的教育帮扶、医疗帮扶、产业帮扶，联系争取资金建设凤庆县第三完全中学阅览室；为凤庆县特殊教育学校筹措捐赠资金，补贴残障儿童的生活费。

从繁华的广州城出发，乘坐飞机抵达昆明，再从昆明乘坐大巴车抵达临沧市凤庆县，跨越 1800 多公里的距离，历时 10 多个小时，曹新终于来到这个西南边陲的小城。"无穷的远方，无数的人们，都和我有关。"在接下来这一年里，曹新的人生将与素未谋面的凤庆人民紧紧联系在一起，

共同走好脱贫攻坚的道路。

曹新是中山大学派驻云南省临沧市凤庆县的第三任处级干部，于2016年4月到凤庆县挂职副县长，协助凤庆县开展扶贫工作。谈起到达凤庆的那一天，曹新回忆道："那时候临沧市还没有通铁路，我们从昆明坐大巴到凤庆，一路上山路很多，抵达凤庆时已经是晚上九点多。"在这样一个山长水远、交通不便的山区，人民的生活状况是怎样的？扶贫应当怎样扶？这是曹新当时需要思考的问题。

用情相融，深入基层寻思路

"我自己就是在农村长大的，在凤庆没有什么不习惯的地方。"在来到凤庆开展扶贫工作之前，曹新对这个偏远的小城并不熟悉，但他以开放包容的心态接受这个异乡的文化习俗，用心、用情融入当地生活，真诚、热切关注百姓需求，寻找适宜的扶贫道路。

一方面，曹新通过阅读凤庆县县志等文字资料，深入了解凤庆的历史文化、风土人情，全面把握凤庆县的整体情况。另一方面，曹新经常外出调研走访，除了工作所需之外，他也利用周末等空闲时间到处走走，与当地的领导干部、人民群众沟通交流，深入了解他们的工作、生活情况。近及凤庆县城的大街小巷，远至地处深山的乡镇农家，都可见到曹新的身影。曹新深知，"脱贫攻坚"不是单打独斗，必须要与凤庆当地的干部群众紧密联系在一起，共同奋斗，才能真正战胜贫困。

凤庆县下辖13个乡镇，村与村之间相隔甚远，有的甚至要翻越大山、跨过大河才能到达。即便如此，曹新也不辞辛劳地到各个乡镇走访，他常常沿着盘山公路去到海拔两三千米的村子，车子开不进的地方，就徒步而行。在调研走访过程中，曹新看到了凤庆县诗礼昌盛、民风淳朴的一面，却也看到贫穷给当地教育套上的枷锁。

在凤庆县城有一片历史悠久的古建筑群——文庙。文庙是祭祀先师孔子的地方，庙内建筑恢宏壮丽，凤庆人对孔子的尊重和对礼乐的推崇由此可见一斑。然而，反观现实，成立于2015年年底的凤庆县第三完全中学，却由于资金不足，难以完善校内的基础设施建设。了解到这一情况后，曹新及时向中山大学汇报反馈，联系协调资源，最终争取到了香港李芬芳基金会50万港币的捐款，支持凤庆三中图书馆建设六间阅览室，并在挂钩帮扶的马庄村设立奖学金。

凤庆三中学生在阅览室内阅读
（来源：校工会）

如今，走进凤庆三中图书馆阅览室，崭新的桌椅、书架呈现在眼前，身着白色校服的学生每人手执一本书，正陶醉在知识的海洋里。落地窗外是凤庆湛蓝澄净的天空，一束阳光照在书桌上，照进学生们的眼里，那是知识的光芒、希望的光芒。

以智相扶，助力教育促发展

凤庆三中的孩子们，在各界人士的关怀之下，得以拥有良好的学习环境。然而，凤庆县还有一群特殊的孩子，他们因为先天残障，难以到普通学校接受教育。幸运的是，这群"折翼天使"并没有被遗忘，他们被很多人关爱着，来自中大的挂职干部也关注到了他们。

曹新初次来到凤庆县特殊教育学校时，见到这群残障儿童，不禁为之动容。有的孩子是聋哑儿童，无法用言语表达交流，但他们清澈的眼睛里透露着对世界的渴望；更多孩子患上的是唐氏综合征，这些孩子智力发育迟缓，生活不能自理，就连最简单的颜色、图形，都需要老师一遍一遍地教。

教导这群特殊孩子们的特校老师们，更需要花费极大的精力和耐心。一年四季除了寒暑假，孩子们大部分时间都住在学校里，老师们承担的不仅是教导孩子们的责任，更要照顾他们的生活起居。孩子们的宿舍整洁舒适，但也可以看到，有的小床上还留有尿渍——一些孩子还会尿床。每天早晨，特校的老师们都会帮孩子们清洁卫生、梳洗干净，再开始教他们认识这美丽的世界。

每一名残障儿童背后，都有一个负重前行的家庭。为了更进一步地了解残障儿童的家庭状况、生活需求，曹新来到孩子们的家里进行调研走访。小尼是一个患有唐氏综合征的孩子，她和爷爷一起住在一间简陋的房子里。在与小尼爷爷的交谈中，曹新了解到，小尼是一名留守儿童，父母外出打工，她和爷爷生活在一起。年迈的爷爷独自照顾患病的小尼，生活上有诸多不便，加上父母不在身边，小尼难以得到足够的关爱。像这样的家庭在特殊教育学校比较普遍。为了改善特殊教育学校孩子们的生活状况，减轻家庭和学校的压力，曹新向中山大学提议，争取社会力量帮扶凤庆县特殊教育学校。2016 年 9 月，校扶贫工作组、校友会与香港佛教大光园慈善基金会经过近一个月的协商，筹措到捐款 12 万元，用于资助100 名特殊学生的生活费，每人每年 1200 元。这项资助一直持续到 2020年。有了这笔生活费的资助，孩子们的生活质量提高了，家庭和学校的经济负担减小了。更重要的是，曹新对特校师生们的关怀和慰问，让他们感受到，还有很多人在支持着、守护着他们，鼓励他们勇敢地面对生活。

作为高校教师，曹新深知教育对于减少贫困代际传递的重要作用，因此，他致力于教育扶贫，希望通过教育帮扶，给贫困家庭的孩子创造更好的受教育环境，带给他们更多希望。

曹新积极向当地干部群众了解凤庆县教育方面存在的需求，联系协调各方力量为凤庆争取资源，改善凤庆县的教育条件。

曹新挂任副县长期间，挂钩帮扶马庄村，他经常到村子里调研走访，到村民家关心慰问，了解马庄村脱贫情况。调研期间，他了解到，马庄村完小硬件设施不完善，学生们没有电脑可以上课。于是，曹新争取到 50台电脑，捐赠给马庄村完小，让学生们得以上电脑课，尽早接触到互联网。

基础教育硬件设施不完善，是提高教育水平的一大桎梏，而经济条件落后的凤庆县，想要改善基础教育设施，首先面临的难题就是资金问题。因此，曹新想方设法为凤庆教育争取资金，最终通过教育部对口帮扶滇西贫困地区挂职干部总队争取到中国教育发展基金会 85 万元的资助，用于改善凤庆县基础教育设施建设，推动凤庆县基础教育向前发展。

扶贫干部用真心体会群众所需，用智慧解决扶贫难题，为凤庆县教育事业补短板、夯基础。"扶贫必扶智"，教育帮扶是斩断贫困的一把利器，受教育条件的改善必将会给凤庆县的长足发展注入更多活力。

薪火相传，搭建桥梁谋进步

走在凤庆的路上，经常可以看到一些从谷底搭建起来的高桥，连接着两座山。倘若没有这些桥，从一座山走到另一座山通常要花上几个小时甚至一天的时间。就像这些桥一样，从中山大学远道而来的扶贫干部，也用自己的努力连接起凤庆和广州。

曹新来到凤庆时，这里的医疗水平、教育水平与一线城市广州相距甚远，想要改善凤庆的条件，就必须借助中山大学先进的理念、技术来带动。因此，曹新积极推动建立中大和凤庆之间联系的纽带，促进凤庆县的医生、教师、干部与中大附属医院、附属中小学、党政部门之间的交流学习。

医疗方面，曹新联系对接中山大学附属医院医疗队到凤庆县开展义诊帮扶活动。2016 年 9 月 22 日，中山大学附属第三医院组织专家团队，专业涵盖感染性疾病科、肾内科、普通外科、泌尿外科、妇科，到凤庆县中医医院托管的洛党镇卫生院开展义诊帮扶活动，义诊人数达 630 人。

教育方面，曹新组织凤庆县部分中小学教师到中山大学附属中学、附属小学进行为期一个月的跟班学习，交流经验，吸收先进的教学理念。凤庆的老师们对广州市的英语教学、体育教学有颇多感慨和体会。自 2014 年起，中山大学研究生支教团每年选派研究生到凤庆县鲁史中学开展为期一年的支教活动。

此外，中山大学定期举办党政干部培训、教师队伍培训、医疗卫生人员培训，提高凤庆县党政管理干部、中小学教师、医疗卫生人员的管理水平和业务能力。

凤庆县人民医院的医生介绍道："中山大学的派驻医生离开凤庆之后，我们也时常保持联系，有什么疑难的病例我们可以在微信上请教他们，相当于凤庆人民在家门口就能享受到中山大学先进的医疗资源。"

除了医疗帮扶、教育帮扶之外，曹新还认识到，要实现凤庆县经济的长足发展，需要推动当地特色产业的发展。

凤庆盛产茶叶、核桃等农产品，但农产品的加工手段不够先进，品牌的打造宣传不够到位。在前一任挂职副县长朱志辉的对接下，中山大学药学院葛发欢团队开始与凤庆当地企业开展合作，钻研核桃、茶籽精深加工的难题。曹新接过朱志辉副县长的接力棒，继续推动核桃、茶籽加工产业链的建设。经过数任扶贫干部的推动和研发人员的不懈努力，2019 年，核桃油、茶籽油生产线正式落地投产，带动了当地相关产业的发展。

中山大学提供技术支持的核桃油、茶籽油生产线正式落地投产
（来源：校工会）

距离到凤庆扶贫已过了四年时间，曹新感慨道："如果不是因为扶贫，我可能一辈子都不会来到凤庆。"的确，从中大到凤庆，需要跨过万水千山；但从中大到凤庆，却也只需要一颗真心，一颗心系人民、战胜贫困的真心。

曹新等中大扶贫干部心系凤庆人民，不断传递着帮扶凤庆的接力棒，团结引领凤庆人民向贫困宣战，经过多年的艰苦奋斗，终于在 2019 年实现凤庆县脱贫摘帽的目标！

采访手记

我从许多不同的渠道了解过扶贫故事：书籍、电视剧、演讲等，却都没有这次采访来得深刻、动人。能有此机会书写扶贫故事，我内心是激动的，却也是惶恐的。因为我们的寥寥数笔，可能是扶贫干部花费数月甚至数年才能完成的工作。更何况我们的文字记录下的，也只不过是冰山一角，更多的故事谱写在了凤庆的大地上。

在前往凤庆的路上，两边都是连绵的山，隧道也很多，我心想着：这里山高路远，单是运送建筑材料都要花费一番工夫。但是到了凤庆，我们切切实实地看到他们建起了医院、教学楼、工厂……这些都得益于国家政策的支持、扶贫干部的协调，以及人民群众的奋斗。

扶贫不是一人两人的事情，而是整个国家、全体人民的事情。正如曹新所说，我们要感谢国家的扶贫政策。但我想，我们也应当感谢扎根基层的扶贫干部，是他们冲在扶贫的第一线，了解、反映群众的需求，摸索、解决扶贫路上的现实问题。

我们在凤庆见到的扶贫干部，尤其是驻村干部，都穿着朴素的衣服，皮肤晒得黝黑，日常起居就在村委会两层的小楼里，他们真正做到了"从群众中来，到群众中去"。在聊到中山大学挂职干部来凤庆前后的变化时，凤庆县扶贫办时任主任徐志坤这样描述："略有沧桑，但激情、智慧和青春仍在。"尽管扶贫干部的扶贫工作有结束的时候，但他们留下的智慧、激情、希望会像种子一样在这片土地上生根发芽。

人民的满意就是对扶贫工作最大的肯定。相信多年以后，凤庆县人民还会记得，有一群医生来到凤庆悬壶济世，他们叫"中山大学医疗队"；有一群学生来到凤庆倾囊相授，他们叫"中山大学研究生支教团"；有一群干部来到凤庆为民谋福，他们是中山大学驻凤庆县扶贫干部。

在此，要感谢凤庆县扶贫办时任主任徐志坤、凤庆县人民政府办公室时任副主任张叶、凤庆县特殊教育学校郭爱娟等老师为我们提供的大量资料，让我们得以了解到曹新任职期间各项工作的诸多细节。

（作者：蚁谨乔，2020级中国语言文学系研究生）

王克：真做事，做实事，做好凤庆和中大的桥梁

王克（左一）

（来源：校工会）

人物简介：王克，现任中山大学总务部房产处副处长（主持工作），2019年7月至2021年7月挂职云南省临沧市凤庆县副县长。2020年9月被评为"临沧市脱贫攻坚先进个人"；2021年4月被评为"云南省脱贫攻坚先进个人"；2019年、2020年临沧市干部考核均被评为"优秀"。

茶马古道，连绵青山，历史名城凤庆近些年也迎来了新的发展，莫说道路宽阔整洁、建筑风格统一的县城，就是乡村也摘掉贫困帽，实现了"两不愁三保障"。王克作为中山大学的挂职干部，全身心地投入云南省临沧市凤庆县的脱贫攻坚进程中。

大学和政府有着不同的工作特色，高校所具有的学科优势与人才优势，从组织层面看，是地方社会经济发展亟须的要素，但如何在高校与地方之间，将凤庆的需求与学校能提供的优势相结合，让帮扶做到实处，起到实效，是王克作为一线挂职干部的重要任务。

多方助学，彰显教育工作者的本色

乡村的兴旺需要教育的兴旺，只有培育本地人才才能有长远的发展。教育扶贫是教育工作者的关注重点，也是高校扶贫工作的最大亮点。

王克到凤庆后就立即前往各个乡镇调研，每到一个地方都会去当地学校，观察了解学校的需求。两年间，他走遍了全县 13 个乡镇。王克深知基层工作繁重，不愿给同事增加工作负担，经常让县政府安排一辆车就自己下乡了，省去了诸多繁文缛节。短短两年，他的足迹到过一大半的行政村，调研之勤、范围之广，让政府办公室身边的同事都觉得吃惊。

王克正是在下乡中发现了平村完小的困难。随着城镇化的推进，县城周边的居民小区人口快速增加，适龄儿童增多，然而学校和当地政府没有经费建新的教学楼。为了增加课室面积，学校就在空地上建了一个板房，孩子们在板房里上课。王克走进板房时，心里一下就觉得酸涩。云南海拔较高，日照强烈，阳光直射到薄薄的屋顶，屋内十分闷热，在屋内才待一会儿就受不了了，但是小朋友们还要在这样的环境下坐 40 分钟，板房内通风也不好，光线不足，白天都需要开灯，可能会影响孩子们的视力。当时他深受触动，特别想改善孩子们的学习环境。

在对比了各个学校的情况后，王克认为平村完小的情况不容忽视，于是，他向中山大学扶贫工作领导小组汇报了这个情况，得到了学校以及校友的大力支持。帮扶经费到位后，王克督促施工项目的推进，只用了九个月时间，新教学楼就建起来了！2021 年 3 月，新教学楼投入使用，可以增加 480 个学位。教室内有全新的可调高度的桌椅，有先进的电子白板，即使是 7 月的夏天，在教室内也不会感到炎热。由中山大学和校友支持的建设经费，主要用于教学楼楼体建设。新楼落成后，王克还通过教育部赴滇西挂职干部总队，申请了"润雨计划"福利彩票帮扶资金，用于采购家具和教学设备。

王克慰问特殊教育学校
（来源：校工会）

中山大学管理学院的谭劲松一直热心公益，组建了荔枝助学团队。王克是管理学院毕业的学生，对该项目很了解，他积极推动"荔枝行动"助学凤庆，2020年募捐了30多万元，资助凤庆县第二中学的困难学生，勉励孩子们积极上进，走出大山。2021年，"荔枝行动"计划还联合广州易方达基金，再投入60余万元，对凤庆全体乡村医生和一线教师进行培训。

此外，2019年7月，中山大学附属中学还在凤庆第三完全中学开通了远程同步直播课程，两地同学可以共同朗读、互相提问，山海同屏，同学共进步。在中大帮扶下，多所学校老旧的课桌椅得以更换，这些课桌椅有的都用了几十年，桌椅边角都摩擦得十分光滑，显得十分陈旧。王克说："虽然每次更换的不多，但是能帮一点是一点。"

产销协作，让凤庆走出大山

凤庆种植的农作物主要是茶叶和核桃，2019年凤庆县被云南省政府列入"一县一业"核桃产业示范县创建名单。虽然凤庆的核桃栽种已有3000多年的历史，核桃种植面积170万亩，但是因为交通运输成本高、知名度低，核桃市价低，有很多核桃熟了却没人采摘，农作物产品无法转换为商品。而且该地核桃壳厚纹深，处理难度大，以前是人工用小榔头把桃仁敲出来，或者用传统的压榨方法进一步加工成核桃油，加工效率低、品质差。

2016 年中山大学药学院葛发欢联合凤庆县云南一叶生物科技股份有限公司深入钻研核桃产业技术难题，2019 年成功在凤庆县落地超临界二氧化碳萃取核桃油、茶籽油生产线，极大提高了凤庆县核桃油、茶籽油品质。王克到任后经常到葛发欢工作室去了解这个技术是怎样转换的，一叶生物方面表示希望能做母婴产品，王克就主动和学校、专家沟通，请专家来协助完成。一叶生物的核桃油、茶籽油的价值在于技术和品质，而这也是中大作为高校能提供的最好帮助。2019 年、2020 年中大在凤庆先后召开植物资源大健康产业高峰论坛、绿色生态与大健康产业高峰论坛，邀请多位高校专家为凤庆产业发展出谋划策。

通过专家技术帮扶起步，云南一叶生物公司已经组建起自己的销售团队，产品已经销往九个省份，年销售金额可达 1600 万元。王克用简单的话语说明白了企业和农户的关系："核桃或茶叶是凤庆群众的主要经济作物，除去青壮年外出务工外，种核桃、卖核桃是凤庆当地群众的主要收入来源。如果能在凤庆发展出需要大量核桃为原材料的生产企业，并且其产品具有较强的市场竞争力，就能保证群众种植核桃的利益。只要国内市场保持繁荣，农民就能有收获。一家企业的存在，可以对接数十个农村农产品初制所或合作社，为核桃种植户带来收益。"

中山大学通过消费帮扶助力凤庆县农特产品走出大山
（来源：校工会）

　　这个问题说到底就是一个怎么把贫困群众的农特产品卖出去的问题。为带动销售，2019 年年底，王克和学校工会对接，积极发动消费扶贫，推出"中大助力·凤庆加油"组合产品，直接购买凤庆农特产品，中大师生的反响也很好。2020 年直接购买规模又显著扩大，购买金额超过了 800 万元。

　　2020 年是全民战"疫"的一年，也是决战小康的一年，碧桂园集团、国强公益基金会开展了云南、湖北、贵州等八个省的消费扶贫活动，在昆明开展了"战疫战贫　与你同行"暨"520 消费扶贫云上行"活动。经过王克前期与碧桂园碧乡扶贫集团的沟通协商，凤庆红茶作为唯一选中的茶叶类产品进行网上销售，王克前往昆明参与直播活动，为凤庆茶叶代言。这次活动在两小时内共卖出凤庆县茶叶套装等 7026 件，总价值约 60 万元，点赞人数达 200 万。县政府的同事看完整个直播活动后，都说王克作为代表人对凤庆红茶的阐释准确，也能通过屏幕传递出茶叶汤色、口感等感觉信息，为提高销量起到了很大的推动作用，直播效果非常好。

王克通过直播带货带动消费扶贫
（来源：校工会）

发挥中大优势，医疗普惠民生

凤庆县人民医院是县内最好的医院，全县有 47.5 万人，医疗资源紧缺，每天医院里都排着长队。2015 年开始，县里筹划建设新院区，2017 年年底开工建设一期，2020 年 5 月建设二期，2021 年 7 月完成了老院区向新院区搬迁的工作。在中大的医疗帮扶下，凤庆县人民医院从二级医院升级为三级医院，这在县级人民医院中是少有的。建成的新院区硬件条件堪比中大各个附属医院，而且有了血液透析中心、消化中心、女性康复中心等新的医疗科室。

中大有规模庞大、实力强劲的医疗力量。从义诊到常驻，中大也在探索医疗帮扶的方式。中山大学附属第七医院每季度都会派医疗团队到凤庆县人民医院开办义诊、做医疗指导。凤庆县人民医院每个科室都有中大各个附属医院派来的一位常驻医生。王克作为挂职干部，任务就是对接中大各个帮扶团队，包括医疗团队、研究生支教团、常驻退休教师等，在脱贫攻坚一线为各类帮扶团队开展工作提供协调和协助。

王克了解医疗帮扶情况

（来源：校工会）

2020 年的春节，王克将家人接到凤庆，希望能陪伴家人，共度佳节。但防疫开始后，王克每天都要去封路、卡点，检查来往的人员车辆，忙到很晚才回家。在如此忙碌的情况下，他还联系了学校和校友，为凤庆捐了一大批口罩和额温枪。

中大对凤庆的医疗帮扶不仅停留在技术层面，更推动了全面的医疗进步，即使是当地医院地板上的指示线和医院科室的分布，都体现医疗技术指导的成效，而这些细节带来的是整个诊疗服务水平的提升。

盖教学楼让学生受益，深加工技术让农户受益，但医疗的进步更是普惠的，让所有凤庆的老百姓都能拥有更好的健康保障！

低调务实，全心投入扶贫工作

在县里，除了要对接中大的定点扶贫工作，王克还要承担副县长的职责，他分管过政务服务局和科技局等部门。在分管政务服务局期间，王克注重引入中山大学党建工作思路，在学校党委组织部的直接指导下，将政务服务中心创建为云南省基层党建示范点，接受过各级党组织和领导的实地调研。分管科技局期间，科技局向省科技厅成功申报了何裕隆、葛发欢两个省级专家工作站，使全县科技系统专家工作站增加到四个。凤庆县成为临沧市所有县区中，专家工作站最多的县。

王克平时低调务实，据政府办同事介绍，他知道政府办的同事每天事务性工作很多，因此他下乡或到部门调研时，尽量不让政府办同事陪同，经常自己走路，或者就派一辆公务车。他调研发现问题后，再逐步和相关部门联系沟通，觉得方案已经对接得成熟了，才会让同事们加入一起做，因此会出现一件事已经基本完成了，办公室其他人才知道的情况。

王克是贵州人，云贵两省各种自然条件、饮食条件等都较为相似，方言也大致能听懂，但是云南的山峰比贵州要高大许多，他来到凤庆后虽然很快适应了当地生活，但还是时常会晕车。起初王克坐车时，还习惯在车上用手机处理工作，遇到弯道多的山路，常会晕车。司机看到王克拿着手机，就会善意提醒："坐车不要看手机了。"并解释说，坐车看手机，会更容易晕车。王克才改掉这个习惯，并提醒每一个广州来扶贫的同事们坐车尽量少看手机。

2021年4月，王克乘坐的车辆发生了一次意外。可能是因为下雨路滑，车子在一段盘山路上打滑撞向路边，车辆撞到边坡后又弹飞起来，在空中翻滚后砸到地面，又继续翻滚了几圈才停下来，侧翻在地。回过神后，王克用力踢掉了前挡风玻璃，从车窗爬了出来，又把驾驶员拉了出来，撤离到安全地带。

王克说，经过这个事他有两个感受，一是他们的车翻倒后，可能是撞击的声音很大，附近山坡上劳动的村民，听到后马上陆续跑过来，想要解救被困在车里的人，也不怕车辆爆炸的危险，让他很感动。可惜当时情绪比较紧张，没有留下村民的联系方式。这让他更加觉得，来这里帮扶这些朴实善良的村民是很值得、很有意义的。二是以后坐车，一定要系安全带。后来据政府办车队反映，该车属于旧款车型，没有装安全气囊，在撞击和翻滚的过程中，避过了各个可能造成伤害的碰撞完全是机缘巧合，并且没有翻滚到山崖下，才没有造成更严重的意外。

此事发生后，因为地处昌宁县境内，县政府办马上协调了昌宁方面过来救援，并另外派车将王克送往医院做检查，检查结果除了血压达到200以上，所幸只是腿上和手臂上有软组织挫伤。王克坦言，自己当时没顾上想那么多，完全是条件反射的求生本能，直到那辆车要被拖车拖走，他想回去拿一个准备带给女儿的东西，想起女儿时，他才觉得后怕和难过。

在红塘村委会的儿童阅览室里，堆放着几十袋大米，那是王克帮忙联系捐赠给红塘村的。在中山大学领导的牵线搭桥下，深圳慈善机构给红塘村和马庄村捐赠了十吨大米，以供家里有困难的百姓到村委会去领取。在王克的工作中还有许多不宣扬的帮扶，就像这一袋袋大米一样。

王克曾说："自己深深地融入凤庆工作生活中，从心底里将自己当作凤庆人，为凤庆尽一份力，不做'过客'，更不做'看客'。"这里有着淳朴善良的父老乡亲，有着丰富的自然资源和旅游资源，他相信，在中山大学的持续帮扶下，在历任挂职干部的共同努力下，凤庆的明天，一定会更加美好！

采访手记

首先很感谢王克老师、凤庆县扶贫办时任主任徐志坤、政府办公室副主任李婷婷、政府办公室原副主任张叶、政府办公室秘书高鹏翔接受我们的采访，也很感谢学校定点扶贫工作组林炜双老师为这五天的凤庆采访做的周到准备和安排。

我对于农村的印象是自家种的小小的西红柿、拿长杆打下来的枣子、挖出来洗洗就能吃的凉薯、在火里烤得焦香的红薯……未满六岁的孩子回忆里满是美好的食物。后来我常常思考随着城镇化的不断推进，农村会变成什么样子。

这次来到农村，村内干净整洁、空气清新，安置房整齐划一、宽敞明亮，但仍然有村民约着一起去山里找菌菇，仍然有老农提着一麻袋采摘下来的新鲜茶叶去茶厂出售，还给我们解释一芽一叶和一芽两叶的区别，仍然有村干部熟悉每家每户的情况并善于处理乡里纠纷。与大自然的亲近和靠山吃山、靠海吃海的智慧没有变；因年轻人外出务工，村中已不再种植水稻，但踩在土地上的踏实没有变；虽然盖了新楼房，但乡里感情没有变。

这就是新农村与乡村振兴。新的是设施、新的是房屋、新的是产业，新的更是眼界与风气——在专业人才和网络的助力下，孩子们能更早地接触英语，村集体能吸收乡村旅游的成功经验。虽然互联网时代看似海量信息资源触手可及，但最重要的还是人才。

扶贫工作就投入了大量的人力和财力。百姓是淳朴的也是实在的，只有认真做实事才能得到他们的认可。就拿建档立卡来说，一位多年从事扶贫的干部分享了他的经历，他会聊天似的问村民："平时抽烟吗？一周抽多少包？"然后在心里计算一年的烟钱要多少，就可以验证他是否满足建档立卡的条件。

无数人才、干部进入农村，有像王克老师一样挂职的，也有许多是本地的，他们为老百姓忙碌而顾不上自己家里。他们将青春、汗水洒在扶贫事业上，白了头发、黑了脸庞，却绿了青山、点亮了村民的笑容，他们无怨无悔。

（作者：康婕，2018级历史学系本科生）

麦伟立：平凡的坚守

麦伟立

（来源：校工会）

人物简介：麦伟立，中山大学土木工程学院辅导员、团委书记，2015年7月至2017年7月期间，挂职云南省临沧市凤庆县凤山镇落星村第一书记。2021年4月，云南省委、省政府向学校赠予"制度优势聚民心，扶贫扶智建功业"锦旗，麦伟立等凤庆县原挂职干部获得"支援云南省脱贫攻坚先进个人"称号。

730多个日日夜夜，24小时开着手机，他带领62户贫困户完全脱贫，村民收入翻了番，通往各村民小组的泥路铺上了水泥，他让滞销的茶叶走出大山，成了香饽饽，让孩子们有了属于自己的"悦读馆"……他就是中山大学老师、共产党员、"支援云南省脱贫攻坚先进个人"——麦伟立。

情系落星，茶叶飘香

落星村位于云南省临沧市凤庆县凤山镇上游偏西北方向，地处凤习路东南方，与勐佑镇中和村交界。这里四季如春，山林密布，以红花油茶、核桃为主要经济作物。村子里有茶园5170亩，其中，红花油茶种植2868亩。虽然有着优越的茶叶资源，但是这里的茶农依然采用原始的种植手法，而且茶树和核桃树混种，导致茶叶质量不高，鲜叶卖不起价。麦伟立在详细了解情况后，根据前期的充分调研，提出了成立"茶叶合作社"的想法。

麦伟立（左一）走访农户，了解秋茶、核桃情况
（来源：校工会）

麦伟立率先找到了村里的党员，希望他们发挥带头作用，建立茶叶合作社，与贫困户结对，通过现代化的科学手段种植高质量的茶叶。万事开头难。最初，合作社面临的困难包括：一些农户认为绿色管护比较麻烦、辛苦，宁愿种植低质量的茶，也不愿给自己增加工作负担；还有一些农户认为改进后的种植模式用人成本太高，负担不起。为了吸引农户参与，麦

伟立提出，优先保证合作社的茶叶能被村茶厂收购，而且收购价要高于市场价，还要优先解决村子里贫困户的工作，主动邀请他们来茶厂工作，从事收鲜茶叶或是简单的制茶工作，为他们增加收入。

在麦伟立和村民们的共同努力下，落星村第一个茶叶合作社建立了起来。通过规范农药、化肥的使用，加强茶林的绿色管护等措施，村民收入有了明显的提高。有的村民甚至能在茶厂得到约 4500 元/月的收入，在提高收购价后，每户茶农每年增收近万元。同时，通过政府投入合作社的资金，62 户贫困户每年还可获得 10% 的分红。"这在以前，我们是想都不敢想的，感谢麦书记！"村民老张动情地说道。茶叶合作社从一开始的拒绝建档结对，到与村中全部 62 户贫困户全部建档；从全村仅有的 3 个茶叶初制所，到如今的 10 个；从一开始的滞销茶叶，到现在的打开销路……这些变化背后，离不开麦伟立一户户的走访劝说和党员村民的无私奉献。

2017 年 5 月，落星村在天之凤平台达成第一笔交易（右一为麦伟立）
（来源：校工会）

"酒香也怕巷子深"，有了高质量的茶叶，如何售出，又是摆在麦伟立面前的一大难题。正在他一筹莫展之时，凤庆县天之凤农村电商平台在凤庆县正式启动。平台的启动，满足了城乡农产品的销售需求，推动了农村电商建设。麦伟立马上想道：如果能借助平台，利用"互联网＋"，将茶叶放在网上进行销售，不失为一个好机会！说干就干，麦伟立将情况上报给县委、县政府，在经过充分论证的前提下，落星村的茶叶终于上架了！同时，麦伟立又马不停蹄地联系广州各大企业，大力推广落星村的茶叶。通过"线上＋线下"的方式，落星村野生红茶终于达成了第一笔交易。麦伟立激动地说道："虽是第一笔交易，但这是落星村农产品利用线上＋线下双结合的模式，走出大山的第一步，这说明落星村茶产业发展势头良好，走向全国指日可待。"

凝心聚力，扎实党建

作为一名党务工作者，麦伟立深知"农村要发展、农民要致富，关键看支部"。要想让村子快速脱贫，必须先要让村党组织"活"起来，这样才能激发党员的积极性，真正让村组织焕发活力。

他带领村党支部严格落实"三会一课"制度，严肃党支部组织生活，推动"四位一体"农村基层服务阵地建设，完善基础服务设施。在麦伟立的推动下，落星村党支部率先完成村党组织服务综合平台及农村家庭党校的建设并投入使用，提供党员与群众便捷交流的场所，增进党和人民群众的感情，引领群众脱贫致富。麦伟立在任期间，经常与党员、群众谈心交流，以促进沟通，增强团结，找准问题，形成共识。他还建立"落星村党支部"微信公众号，定期推送党建资讯、热点聚焦、法律法规等内容，搭建"微平台"，提高党建凝聚力；利用每周组织的党员干部集中学习，为驻村各项工作的开展夯实了组织基础。

麦伟立到任后主动融入村两委班子，积极配合协调村两委工作及换届工作。换届期间，麦伟立通过带领大家学习换届规章制度及观看警示教育片等形式，对换届纪律进行广泛宣传，使广大党员群众了解换届工作的重要意义和有关法律法规，促使村干部们带头遵规守纪，抵制不良作风。在全村党员与群众的认可支持下，成功选出新一届村两委班子成员。换届工作结束后，麦伟立与新班子成员逐一谈话，详细了解新班子成员的想法及所遇困难，鼓励班子成员共同树立谋事创业理想，坚定两委领导带领村民群众脱贫致富，打赢脱贫攻坚战的信心。

云南的雨季，绵延不绝，连日的强降水，导致村内多处发生山体滑坡。一处滑坡的上方有 20 多户农户居住，麦伟立担心滑坡会对农户的住宅造成严重破坏。他连夜冒雨带领党员在山石崩塌、道路断裂处拉起警戒线，并迅速组织村民转移到临时安置点。全部受灾村民转移到安全地带后，麦伟立终于松了一口气，这时候他才发现，自己的双手在用绳子拖曳倒塌树木的时候，已经完全磨掉皮，但他来不及仔细处理伤口，又马上投入抢险救灾中去。经过全力抢险，塌陷的山体得到了加固。后在县政府和国土资源局的支持下，村中的塌陷处终于打上了防滑砖，得到了加固。

麦伟立（左一）与村民们一起抢险救灾
（来源：校工会）

不忘初心，夯实教育

在村子狭窄蜿蜒的山路尽头，是凤山镇唯一一所寄宿制小学——美女山完全小学（又称"颜青文小学"）。该校共有 206 名学生，大部分学生的家长长期在外地务工，所以很多学生选择住校。但是，学校的基础设施比较落后，宿舍十分简陋。"村小的旧宿舍楼只有一层，八人一个房间，里面用简单的木板和铁架子做成了上下铺，上下各四个孩子，挤在一张木板床上睡觉。学校里没有洗澡的地方，到了冬天，甚至连被子都不够用。"麦伟立说道。

初为人父的麦伟立，看在眼里，急在心里。在经过充分的调研和实地走访后，麦伟立将情况形成文字汇报到县里。在县委、县政府的高度重视和正确领导下，美女山完小终于盖起了两层标准化的新式学生宿舍，孩子们终于有了自己的床铺和小书桌。除此之外，麦伟立还联系广东狮子会捐赠物资达万元。"修建了新操场的村小，学生终于不用玩泥巴了！"麦伟立感慨地说道。美女山完小的教学资源比较缺乏，没有专门的体育、音乐、美术老师，孩子们有时就以摘茶叶这样的农活代替体育锻炼活动。麦伟立了解到这一情况后，积极联系学校，希望派一些老师来小学开展教育帮扶；同时，麦伟立利用工作之余，带领孩子们在操场上跑跑步、打打球，让他们体会到体育运动的乐趣。

中山大学支教队来到美女山完小做暑期支教
（来源：校工会）

"'读万卷书，行万里路'，要想让孩子们多感受外面的世界，阅读是必不可少的。"为此，麦伟立经过多方联系，为孩子们建立了属于自己的"悦读馆"。"悦读馆"开馆当天，中山大学党委书记陈春声亲临现场，并对"悦读馆"给予高度评价。

课后，孩子们在图书室里阅读
（来源：校工会）

不仅如此，麦伟立还为村里的高考生指点迷津。他邀请中山大学研究生支教团以及在云南的校友，来到落星村开展座谈会，分享学习心得和学习方法，并介绍中大的情况。令麦伟立欣慰的是，座谈会虽然简短，却真真正正地影响到了落星村的孩子们。从美女山完小走出来的杨智禹就是其中之一，她在 2018 年考入了中山大学国际金融学院。在进入中大之后，杨智禹非常热心地协助中大对凤庆的帮扶和交流活动，暑假期间也参与中大的招生宣传活动，回到家乡介绍中大。

就是这样一位年轻的党员，在学校和校友等多方的共同支持下，麦伟立用 730 个日夜的辛劳助力落星村焕发新颜：通往各村民小组的泥路铺上了水泥，易地扶贫安置点迎来了贫困户的入住，美女山完全小学建起了崭新的宿舍、操场和"悦读馆"，村里茶叶、核桃产业发展起来了。至今，落星村 62 户贫困户已经完全脱贫，"落星村再也不是贫困村了！"麦伟立自豪地说道。

采访手记

初次来到落星村，我们就在麦伟立老师曾居住的村委大楼下，采访了落星村党支部书记邱永智。通过邱书记的介绍，麦老师在这个曾经的贫困村所做的一点一滴，开始变得清晰起来。如何建立茶叶合作社、如何向美女山完小捐助物资、如何推广茶叶交易，一桩一件，我们都认真地听着。坐在中山大学捐赠的桌椅上时，我们仿佛回到了扶贫干部们当年工作的场景。

告别了邱书记，我们又驱车沿着陡峭蜿蜒的山路，前往村中唯一的小学美女山完小。车程大概只有10分钟，路况却非常惊险，回头看着车旁险峻的山崖，我们不禁感慨村里的孩子们上学的不易。由于正值暑假，小学并没有开放，我们只好在门前合影。那时，澄澈的蓝天下，白云仿佛就像低垂在教学楼旁，我忍不住想象现在小学里的情况，是不是已经变得窗明几净、焕然一新。我想起在凤庆三中采访的一个女学生，当时她在图书室认真地写着自己的读书感想，当我问她这是不是老师布置的作业时，她却腼腆得答不上话来。这里的孩子不缺乏勤奋和求知欲，只是对外面的世界多了一丝羞涩。看着他们默默书写着的样子，我也受到了鼓舞。

在凤庆的短短数天，我们一方面感受到了扶贫干部们当年的艰辛，一方面又见证了太多实实在在的变化。我相信，在党的领导下，凤庆的乡村振兴路会越走越宽，人们的生活也会越来越美好！

（作者：梁恺桐，2020级历史学系研究生）

郭兴勇：人来了，心也来了

郭兴勇
（来源：校工会）

人物简介：郭兴勇，现任中山大学党委组织部组织员，2017 年 6 月至 2019 年 7 月先后在云南省临沧市凤庆县凤山镇落星村、红塘村担任驻村第一书记，2021 年荣获"支援云南省脱贫攻坚先进个人"称号。

2017 年 6 月，郭兴勇作为驻村第一书记来到云南省临沧市凤庆县凤山镇落星村，进入一个全然陌生的新环境。在郭兴勇刚报到时，凤庆县宣布脱贫攻坚工作进入倒计时，计划提前两年脱贫摘帽，开启了高强度、快节奏的攻坚阶段。时间紧、任务重，郭兴勇还来不及感受环境的变化，便快速进入工作状态。他先后驻扎落星村和红塘村两个贫困村，废寝忘食地投身于脱贫攻坚战役最后的总攻之中。

精准识贫，精准脱贫，与村民同心共情

为了落实建档立卡贫困户的数据，郭兴勇与扶贫工作队成员对落星村下辖的七个自然村、23 个村民小组进行拉网式普查，最终精准锁定建档立卡贫困户 63 户 216 人。这份听起来简单的工作，实际上并不好做。他和队员们需要每天进村入户，重新核实贫困户的家庭结构、收支状况，精准锁定致贫原因，挖掘脱贫潜力，制订一户一策的精准脱贫方案。落星村位于山区，村民们居住点较为分散，郭兴勇每天都要走过曲折绵延的山路才能到村民家里。当时落星村只有一条主干道通向村外，其余的路面还没有硬化，一旦遇上下雨天更是泥泞不堪。但郭兴勇从不畏难，即便崴了脚，他也不肯休息，依然拄着拐杖一家一户地跑，一遍又一遍核对着贫困户的信息。工作队的队员非常敬佩他，没想到郭书记年纪这么大，每天跟着他们跑田间地头，进村入户，游刃有余。郭兴勇的母亲已是耄耋之年，摔伤了腰椎，他心急如焚，但考虑再三仍然坚守在脱贫攻坚的第一线。

比走山路更艰难的是核实数据。有的村民外出打工，工作时断时续，难以准确计算薪资；还有的村民搞养殖，收入受产品质量、市场行情等因素影响，波动较大。村民们的收入并不稳定，而村民们没有记账的意识，只通过贫困户自报是没有办法得到真实数据的。郭兴勇等工作人员还要去村民们打工赚钱的茶所、核桃加工点等单位了解情况，通过邻居们反馈的信息，进行多方核查比对，才能真正了解贫困户的收入状况，确保在脱贫的路上，不虚报一人，不落下一人。

郭兴勇在跟村民聊天时发现，个别村民不愿意配合开展工作，很多时候是因为不了解政策。因此他用通俗朴实的话语，一遍又一遍向村民解释扶贫的政策和标准，解决疑惑，消除误会。"郭书记他这个人非常务实，不做一点虚的事情"，这是落星村党支部书记邱永智对郭兴勇的评价。

为了保障住房安全，郭兴勇需要逐户记录危房情况，做通村民工作，帮助他们加固危房，落实一户一方案的改造目标。有村民不愿意接受危房改造，认为改造工作没有实质性帮助。郭兴勇就将道理揉碎了慢慢讲给他们听，告诉他们房子在改造加固之后，如果遇到地震就不容易倒塌，可以保护他们的人身安全，减少地震、暴雨等灾害带来的隐患。在他与工作队队员们不舍昼夜的辛苦付出之下，2018 年年底落星村的危房改造工作告

一段落，落星村离实现"两不愁三保障"的脱贫要求又近了一步。

郭兴勇（右一）入户走访落星村村民赵永福家
（来源：校工会）

精准脱贫，迎检冲刺，为乡村振兴蓄力

当 2018 年 5 月郭兴勇来到红塘村时，红塘村已经完成精准识贫的工作，正在集中力量补短板，啃下最后的硬骨头。在红塘村实施"易地搬迁脱贫一批"时，郭兴勇设身处地为村民们考虑：村民们从原住地搬下来之后，房子怎么办？土地怎么办？家畜、家禽怎么办？郭兴勇根据国家扶贫政策，结合红塘村实际情况，一一为村民们解答这些问题，扎实推进易地搬迁脱贫工作。贫困户搬迁至新安置点后，他们的原住房将被拆除。但没有人愿意拆除老屋，郭兴勇挨家挨户做工作，耐心解释政策，细心疏通思想，做通了这一家再做下一家。红塘村的脱贫工作就这样踏实地推进着，一步一步走向决胜时刻。

红塘村搬迁户李中伟家带头拆旧屋
（来源：校工会）

　　脱贫标准的制定要综合考虑物价水平和其他因素，因时而变，一旦标准有所调整，就意味着他们要重新排查所有建档立卡贫困户的各项指标是否符合脱贫标准。郭兴勇与脱贫工作队队员接到任务，需要收集红木村非贫困户的资料，并核实贫困户的信息，分别填写红卡和蓝卡，确保全村每一户各项数据的准确性与真实性。脱贫摘帽工作先后进入"奋战 50 天""冲刺 100 天"阶段，郭兴勇与队员们为了全力以赴迎接对脱贫攻坚成果的检查验收，经常顾不上吃饭，有时从早上七点起床一直加班到晚上十二点，甚至直到凌晨两三点才能休息。他们严格对照标准，细查关键问题，坚决打好红塘村脱贫攻坚的收官之战。

郭兴勇（右）在红塘村张廷华家核实红卡信息
（来源：校工会）

2019 年初，红塘村顺利通过第三方检查，进入巩固脱贫成果的过渡期。春节期间，郭兴勇主动放弃春节休假的机会，留在红塘，与回乡探亲的乡贤们一同讨论乡村振兴的思路与规划。哪里需要筑一条路？哪里的地块还没有被利用起来？哪里可以建一个旅游休闲区？面对这些问题，他们一个一个地讨论，希望为红塘村摸索出一条适宜的发展道路。通过这样的例会，他们初步制订了开发方案，绘制出《凤山镇红塘村红木村自然村村庄规划图》①。

---

① 江塘村为行政村，红木村为下属自然村。

《凤山镇红塘村红木村自然村村庄规划图》
（来源：校工会）

郭兴勇与队员们抓住了振兴红塘村的三条线索：一是乡村理事会，二是乡村旅游，三是有机茶叶。郭兴勇提议将自然村党小组、村小组联席会议常态化，每月定期召开例会，讨论群众的意见和问题，同时集思广益，探索乡村振兴的新方案、新道路、新模式。他临走时，再三嘱托红木村自然村小组长李国映，一定要在红木村办起农家乐，留住远道而来的客人，打造一整条旅游、消费的产业链。郭兴勇与村干部们自费前往双江县勐库镇冰岛村考察当地乡村建设与茶业发展。考察归来后，村干部们下定决心落实有机茶园的建设，监督农户对除草剂、除虫剂、催芽剂的使用，生产高质量有机茶叶，打造红塘村特色产业，壮大村集体经济，让农户增产更增收，走向小康生活。

教育扶贫断穷根，移风易俗强志气

扶贫必扶智，绝不让一个孩子因贫辍学，也绝不让一个家庭因学致贫。在走访美女山完全小学时，郭兴勇发现新落成的宿舍楼里没有热水，学生们冬天只能用冷水洗漱，他的心疼得都揪起来了。不到半个月，郭兴勇就联系到他带过的中山大学岭南学院 2000 级学生，希望他们能资助美女山完小。校友们了解到美女山完小的情况后，以班级名义捐赠了两台热水器，解决了孩子们的冬季用水问题。从热水供应问题的发现到解决整个过程不到一个月，孩子们终于能够用上热水，度过一个热气腾腾的冬天。

不仅如此，在郭兴勇的联系协调之下，中山大学岭南学院 MBA 校友会与电子系 1988 级基金会，分别捐赠 2 万元，帮助美女山完小与红塘村大摆田完小改善基础设施，设立奖教学金，助力乡村教育。在这两笔资金的资助下，大摆田完小重新规划用水管道，寻找独立水源，专供学生用水，解决师生用水难的问题。在此之前，郭兴勇也拿出一部分工资作为两所学校的奖教学金，给两所学校的师生们送去关怀与温暖。

作为一名教育从业者，郭兴勇非常重视学生们的健康成长，并通过规范他们的日常行为，引导孩子们学会尊师重教、团结同学。"郭书记用几个月的时间就把孩子们转变过来了。"他还会教孩子们下棋、玩魔方、变魔术，寓教于乐，激发他们学习的兴趣；他购置 VR 设备、天文望远镜、运动器械、益智玩具，培养他们对外部世界的好奇心；带他们用树叶作画，培育他们主动探索的能力；培养他们安静阅读、爱护书籍的习惯。因此，孩子们都喜欢跟郭兴勇玩，放学后都追在他身后，用可爱的童音甜甜地喊他"郭书记老师"。

郭兴勇认为，环境反映素质，要改变环境必须改变人，改变人要从改变观念开始。他在理发时，认识了落星村籍的理发师，并邀请他们回村举行义剪活动。从此以后，每月理发师们都会来到落星村，给村民和孩子们免费剪发。他们还去郭兴勇挂职的红塘村举行义剪活动。每月一次的义剪，都在一点一滴中改变村民的精神面貌。直到现在，义剪活动仍在延续。通过义剪，郭兴勇更想告诉村民，其实资源就在身边，只要有一颗开拓进取的心，自主脱贫绝不是天方夜谭。

郭兴勇与孩子们课后做益智游戏
（来源：校工会）

郭兴勇利用休息时间，在村委会附近清扫路面，冲洗公共厕所。两年如一日，他身先士卒，以身作则，做红塘村人居环境整治的参与者、践行者、示范者。日子久了，村民尝到整洁街道的甜头，他们的环保意识自然得到提高。村民们开始自愿落实"门前三包"政策，用自己的双手，打造美丽宜居乡村。郭兴勇希望通过这种尝试，拔掉村民们思想上的穷根，改变"等靠要"的观念，帮助他们树立自主脱贫的信心。志气扶起来、生活富起来，脱贫致富之路才走得稳、走得长远。

凤山镇理发师给红塘村学生进行义剪
（来源：校工会）

参与基层党建，做人民群众的贴心人和引路人

乡村治理，要发挥党员的先锋模范作用，以党建助力脱贫攻坚与乡村振兴。中山大学在落星村与红塘村分别投入专项扶贫资金 8 万多元，用以支持两村的基层党组织建设，为"三会一课"等活动提供更充裕的条件。红木村自然村实行网格化管理，划分"党员责任区""党员服务区"网格，每一格由一位党员负责，覆盖全体农户。在郭兴勇的帮助下，落星村与红塘村夯实了脱贫攻坚工作的组织基础，增强了党员的归属感、凝聚力、战斗力，充分发挥基层党组织的战斗堡垒作用。

郭兴勇作为一名光荣的共产党员，每天都佩戴着党徽，时刻提醒自己谨记党员的使命与职责，将人民群众的利益放在第一位。他说："作为一名党员，要给老百姓办实事、办好事，让每一个人都能感受到党的光辉，感党恩、听党话、跟党走。"落星村一位老党员张世付因为中风，瘫痪在家，郭兴勇就带着理发师去他家里为他理发。村民们从这些"小事"中感受到郭兴勇把他们放在了心上。

想帮助老百姓脱贫，就得懂老百姓真实的想法；想听老百姓讲心里话、讲真话，就一定要得到老百姓的信任。郭兴勇真的跟老百姓打成一片，他与村民的感情是一户一户跑出来的，一家一家聊出来的。他一有时间，就主动进村跟村民们聊家常，从"生面孔"到"熟面孔"再到"自己人"，把自己变成凤山镇的"编外村民"。村民们尤其是老人，愿意向他倾诉自己的意见和建议，因为他们都相信郭书记能为他们做实事。走进群众的郭兴勇，将群众的冷暖放在心上，也得到了群众毫无保留的信任："郭老师对我们老百姓这么好，我们也应该更亲近郭老师。"

"郭书记不但是人来了，而且心也来了，这是最难得的。"临别前，郭兴勇收到红塘村村委会送给他的一本相册。这本相册不仅记录着他与红塘村全体村民一年间的交往，承载着他们之间的深情厚谊，更是基层党员与群众将心比心、以情换情的时代见证。

采访手记

走访落星村和红塘村的过程中，我才慢慢意识到，作为一个外乡人，要融入村庄，融入村民，是多么不容易的一件事情。但是郭兴勇老师却做得非常出色。红塘村的村干部们对我们说，你们可以在村里随便问，每一家都认得郭老师，都能说出他们之间的一些故事。郭兴勇熟悉两座村庄的每一户人家，村民们也熟悉他，这是我觉得驻村工作中最难，也是最可贵的一点。而且郭兴勇老师驻村的时候，正到了决胜脱贫攻坚的紧要关头，正如"逆水行舟，不进则退"，他们要守护脱贫攻坚成果，绝不能让脱贫户再次返贫，让之前的心血付诸东流。这一阶段的压力是我不敢想象的，但是郭兴勇老师却交出了圆满答卷。我想，从他身上，从他的扶贫经历中，我们应该可以汲取一些精神或是力量，鼓励自己在未来的道路上更勇敢，更踏实，也更为他人多考虑。

最后，要感谢凤庆县凤山镇党委组织员曹永福，凤山镇落星村党支部书记邱永智，凤庆县凤山镇红塘村党支部书记郭洪生、村两委委员李国映、村民监督委员会主任王华存、村委副主任张国宇等提供的信息与帮助，让我们能够更立体地了解郭兴勇老师以及他在凤庆县两年的驻村工作，将他的故事讲给更多人听。

（作者：宋菲，2020 级历史学系研究生）

蓝澍德：千里赴红塘，甘为孺子牛

蓝澍德

（来源：校工会）

人物简介：蓝澍德，时任国际翻译学院党政办公室主任，现任软件工程学院党委副书记，2019 年 7 月至 2021 年 7 月赴云南省临沧市凤庆县凤山镇红塘村担任驻村第一书记。2021 年 4 月，被云南省委、云南省人民政府授予"云南省脱贫攻坚先进个人"称号。

初到凤庆，再启中大脱贫章程

2019 年 7 月，蓝澍德开启了前往云南滇西的扶贫之行。他在自己的扶贫手记中写道："这是我第一次来到云南。当初是心中莫名的那一股向往，让我选择去往云南西部的一个名叫凤庆的小县城，开启一段对我自己来说注定独特的人生旅行。"蓝澍德从此开启了参与滇西脱贫攻坚的新篇章。作为挂职干部的第一课，蓝澍德参加了由教育部组织的第七批赴滇西挂职干部人才培训。这次岗前集中培训明确了奋斗目标、提出了工作要求、发出了行动号令。挂职干部们将接过交接棒，发扬前六届挂职干部的优良传统，"不忘初心、牢记使命"，积极转变角色，继续聚焦教育、医疗、住房、产业、生态等帮扶重点领域，再接再厉，顽强拼搏，打好全面摆脱贫困、全面建成小康社会的收官之战。

集中培训之后，蓝澍德从昆明出发前往凤庆。在蓝澍德刚到时，凤庆还没有通高速公路和铁路，从临沧到凤庆，需要乘坐汽车，经过三个小时左右漫长崎岖的山路才可到达。红塘村位于云南省临沧市凤庆县凤山镇，地处凤庆县北郊。全村的占地面积20平方公里，农民收入以种植茶叶、核桃为主。2019年，红塘村有农户634户，人口2548人。蓝澍德到达凤庆时，天空已由艳阳高照变为星野低垂。蓝澍德来凤庆第一天，便挂包红塘村，由凤山镇党委组织员曹永福接待，并送至红塘村。进村前，蓝澍德受邀到曹永福家中，两人促膝长谈。在这里，蓝澍德第一次喝到了凤庆的白茶，从此爱上了凤庆茶。这一杯清甜的白茶，让两人从此结下深厚的友谊，筑牢了中大与红塘的山海情。

驻扎红塘，深入了解红塘情况

蓝澍德（左）走访红木村自然村茶叶初制所
（来源：校工会）

"纸上得来终觉浅，绝知此事要躬行。"蓝澍德坚持实地考察，切身体会村里的实际情况。红塘村的基础产业是种茶和制茶。蓝澍德时常走家串户，走访茶农，学习当地的方言，掌握乡情民情。蓝澍德初到红塘村，就作为二级网格责任人挂包红木自然村。红木自然村面积 5.5 平方公里，有农户 159 户，总人口 614 人，耕地面积 561.1 亩，林地 135 亩，茶园面积 1161 亩。种茶是当地老百姓最重要的生计手段。红木村自然村的茶所较为简陋，通常茶所是由一户人家的院落改造而成。蓝澍德在调研走访时，一位茶所主人介绍道，当地的百姓已经坚持了三年多的无公害种茶方式，种茶靠的是繁重的体力劳动，但茶叶产量偏低，再加上本地茶叶收购的价格一直低迷，所以红木村自然村的年轻人都选择外出谋生，村中仅留下劳动能力较弱的老人、妇女和孩童。平常采茶的都是上了年纪的村民，他们通过采茶赚取微薄的收入来贴补家用。还有一些茶农的茶田无人打理，导致茶田逐渐荒废。听到这样的情形，蓝澍德颇感痛心，他暗下决心，定要尽力帮扶，改善农户生活。

蓝澍德和村干部走进茶所时，一位皮肤黝黑、饱经风霜的老人背着两袋茶走了进来。老人佝偻着背，眼睛直勾勾地盯着称量茶叶的刻度，生怕少了一丝一毫。蓝澍德从老人口中得知，采茶的劳苦与茶叶的零售价是不成正比的，老人才会这般在意这一丝一毫的变化。茶所主人告诉他，凤庆由于没有形成茶叶市场的完整体系，所以茶叶价格一天一价，经常出现陡升陡降的情况。但只要茶叶产量稳定，茶价每斤能稍微提升一至两元，对于茶农来说是一笔不菲的收入。走访完规模较小的茶所，蓝澍德转身来到茶叶初制专业合作社。红塘茶叶初制专业合作社负责人郭荟书向他提出了将依托自家茶山、茶田、茶厂、茶店作为基础，建立一个以"茶、山、人、厂"四要素合为一体的滇红茶主题乡村旅游体验店计划。可见，红塘村的一些产业带头人已经有了自己对于振兴本地产业的构思和计划。此后，蓝澍德多次参与红木村自然村乡村振兴理事会、村民小组议事会，对红木村自然村的脱贫发展逐渐有了更加清晰的认识。

红塘村的贫困不仅是技术、资金和渠道上的贫困。蓝澍德在深入访贫时了解到，致贫多源于一些不可控的因素，也许是自然灾害或者突发性疾病，也许是家中年迈的老人、年幼的孩童过多，家里缺乏足够的劳动力供养全家等等。教育方面，红塘村大摆田完小坐落于桃树坡自然村的一个山洼子里，校舍面积有限，学生上课和教师办公用房紧张。学校师资短缺、课桌椅老化、教学设备使用率不高、教学体制不完善等都是蓝澍德观察和认识到的红塘村乡村教育所面临的现实问题。

蓝澍德（左一）和村民调研了解脱贫情况
（来源：校工会）

谋篇布局，制定合适蓝图

"思路从哪里找？一是要注视脚下，也就是从红塘村的实际情况出发；二是要站高望远，也就是走出红塘，到外面的世界找方法、学经验。"这是蓝澍德在自己的扶贫手记中对工作思路的思考。很快，蓝澍德和支部书记郭洪生、监委会主任王华存、文书张国宇、合作社负责人郭荟书和李茂昌共赴昆明石林，参加由云南省农业农村厅举办的新型职业农民学习班。八月下旬，从昆明石林学习回来，蓝澍德和红塘村"两委"班子及驻村工作队遍访村里的四个自然村，进行深度调研，广泛与村民群众讨论红塘村发展问题。综合调研所掌握的一手资料，蓝澍德经过反复思考，撰写完成了自己关于红塘村未来发展思考的报告——《红塘村乡村振兴发展规划思路》。他系统地整理出了驻村之后实地走访考察和外出学习的心得与思考，作为之后展开驻村工作的蓝图。这份考察报告对红塘村的基本情况进行了透彻分析，针对村域产业的现状、存在的问题和区域发展的优势条件、实施计划进行了详细的论述。报告中提出，要围绕六个基本原则来全覆盖、多领域地实行乡村振兴发展规划：一是贯彻习近平总书记关于实施乡村振兴战略的重要论述，坚持农业农村现代化的总目标；二是坚持党管农业农村工作，完善党领导农村政治、经济、社会、文化、生态文明建设的体制机制；三是探索创新乡村产业经济组织机制；四是大力发展绿色产业、绿色高效农业；五是坚持价值农业发展导向，深度挖掘和开发村域内自然、环境、人文、历史等综合性资源；六是坚持聚合和开放的产业经营理念。蓝澍德希望村里摒弃过时的种植观念，从保护生态环境入手，实现绿色发展、可持续发展。

在脱贫攻坚与乡村振兴有效衔接的新阶段，这一份规划给红塘村脱贫后的发展提供了一个整体性的规划参考，提供了一个系统的行动框架，让红塘的干部群众对自己的未来开始有了一个全新的认识，形成了清晰的思路。

敢想敢干，做出扶贫新成效

凤庆县扶贫办原主任徐志坤用了 27 个字总结了蓝澍德的驻村工作："用心用情用力真帮扶，给钱给力给智出效果。用心带着感情去做事。"

在思想工作上，蓝澍德每个季度都会按要求在红塘村为村党员和群众讲授党课。党课的内容都是他在日常工作之余通过读书、思索、写作准备出来的。党课，是开展农村党员思想教育工作的重要形式。而做好备课，是讲好党课的关键一步。如何把党的政策和上级党组织的措施讲得让老百姓听得懂、记得住，确实需要花费一番心思。每当月洒庭院、蛙声阵阵时，总有一个身影在苦思琢磨如何备课。他利用"学习强国""云岭先锋"等平台，学习习近平总书记重要讲话精神，了解掌握云南省情、临沧市情、凤庆县情。

蓝澍德在驻村期间坚持走近群众、贴近百姓。他认真宣传党的脱贫攻坚政策，召开工作队会议、村干部会议、群众会议百余次，宣传好党中央关于"三农"工作的重大决策和习近平总书记关于扶贫工作的重要论述精神，研究处理村情民意。如今的红塘村，干部之间形成了良好的比学赶超风气，红塘村支部书记郭洪生报考了专升本考试，蓝澍德也利用珍贵的业余时间，努力研习，攻读博士学位。

在产业发展上，蓝澍德仔细走访，开展调研，紧扣红木村自然村产业发展基础设施条件受限问题，积极向派出单位中山大学申请帮扶资金，广泛调动党员、干部、群众出物出工。在蓝澍德的沟通协助下，红木村自然村完成了进组公路旁约50平方米的车辆临时停放区建设，把原本杂草丛生、蚊虫滋生的泥潭地，变成了平整宽敞的便民停车场；完成了贯穿自然村，联通上片区滩头河水源地至下片耕作区670米的灌溉明渠修造，极大便利了红木村下片区农业生产，让滩头河水"活"了起来；完善了红木村自然村小河边安置点产业基地道路的布设。蓝澍德积极发动村"两委"运用好"万名干部规划家乡行动"成果，学习"安石经验"，锁定以公司化经营推动红塘村乡村振兴产业示范区实现三产融合发展的目标。村里以成立红塘村农业开发有限公司为起点，培育和发展集体经济实力，主动向外招商引资，开展农业综合开发。经过一年多的艰难探索，红塘村红木村自然村小河边安置点菊花园已经打造成县城旅游热门景点。2020年国庆节期间，菊花基地共吸引县城游客5000人次，景区经济收益近5万元。基地建设和菊花采收烤制期间，异地搬迁安置点和自然村村民共计900人次参与就近务工。村民务工收益达12万余元。菊花干品销售收益4万余元。产业基地当年对村集体经济的贡献达9万余元。2021年7月19日，菊花园再次对外开园。园中以种植金丝皇菊和百日菊为主，辅种玫瑰，漫山花开，色彩绚丽。走在花间小道上，花香萦绕，丝丝缕缕沁人心脾。山美、花美、景美、人更美。乡村产业的发展，就是要让村民在家门口就能赚钱，不用离开家也能实现致富。

左图：红塘村的菊花园；右图：红塘村的风情旅游园
（来源：校工会）

在基础教育上，蓝澍德一直在争取学校和社会各类资金和人力资源改善红塘村大摆田完小的基础设施，优化村小学学生的阅读学习环境。蓝澍德以身作则，不仅仅关注乡村教育，更参与乡村教育。由于大摆田完小缺少基础英语教师，他便发挥自身的专业特长，每周到学校给高年级的孩子们教授基础英语知识，为他们进入初中阶段的英语课程学习打基础。驻村工作无疑十分繁忙，但他依然坚持给孩子们授课，利用自己的休息时间备课、准备讲义资料。这样的坚持，让村子里的孩童第一次感受到外语学习的乐趣，萌生了对更广大世界的好奇。蓝澍德在给学生上课时，看出了孩子们眼中对知识的渴望，他便亲自联系中山大学国际翻译学院，邀请学院多语种的老师为孩子们开设了整整一学期的世界文化"云课堂"。生动的讲述、绚丽的视图，远在 2000 公里外的大学老师借助互联网的便利为孩子们展演了丰富多彩的世界文化图景，勾起了他们对外面世界的向往，激发了山区孩子们文化学习的动力。孩童时期的感恩莫过于最真诚的话语，看着蓝澍德的辛苦努力，孩子们用最真挚的感情写下："谢谢老师为我们上课，我了解到了不同国家的文化风俗，获得了很多知识，也开阔了视野。"对蓝澍德而言，这就是最好的回报。

"路漫漫其修远兮，吾将上下而求索。"一代人有一代人的追求，一代人有一代人的责任。蓝澍德到红塘村驻村时，抬眼是蓝天，脚下是泥土，肩上是重任。月上柳梢，已被高原日光晒黑的他依旧在奋斗的征程上。

采访手记

首先感谢红塘村驻村第一书记蓝澍德、凤庆县扶贫办时任主任徐志坤、凤山镇党委委员曹永福、红塘村党支部书记郭洪生、党支部副书记曾培云、村两委委员李国映等人抽出时间接受我的采访。同时也很感谢校工会各位老师尤其是林炜双老师对我们的五天采访所做的详细安排。

其实这并不是我第一次来凤庆，再次踏上这片土地时，我的身份变了。故地重游，内心却多了几分惊喜与敬畏。惊的是故地变化之大，若用一个字形容便是"净"，这是扶贫带来的最大变化，不仅仅"渌水净素月，月明白鹭飞"般的美景愈加净化，当踏入红塘村时，我真切体会到了何为"黄四娘家花满蹊，千朵万朵压枝低，留连戏蝶时时舞，自在娇莺恰恰啼"。村中无异物与垃圾,有的是白墙朱门、青山百花、阵阵花香,使人舒缓自在。这不仅仅是景的变化,环境美化的同时,心灵也得到了净化。再次令人惊喜的是,到凤庆县人民医院时,那种不可言喻的震撼:人性化的管理服务、齐全的设备设施、精湛的技术为纾困的基础、优质的服务为关怀的载体。如今,村民若是患了重病,不用再千里迢迢赶往省城医院,家附近就有中山大学各附属医院的医疗资源。在教育方面,最令我惊喜的是云课堂的搭建,它是一座学习的桥梁,连接了大山的孩子与外面的世界,减少地形地势以及地区资源相对匮乏对大山孩子获取优质教育资源的限制。而令我敬佩的是那些不辞辛苦的扶贫工作者,扶贫工作十分繁重,扶贫工作者肩上的担子十分沉重。在采访过程中,受访者往往是在完成一天工作后,抽出自己的晚休时间来接受采访。凤庆取得了如此巨大的变化,离不开这些扶贫工作者夜以继日的亲力亲为。

我很荣幸作为一个见证者去书写他们的故事,我的采访虽然已经结束,但是他们的故事仍旧在继续着,值得千千万万的人去书写。

（作者：石晓玲，2020 级历史学系本科生）

葛发欢：发挥一流学科优势，助力凤庆脱贫攻坚

葛发欢

（来源：校工会）

人物简介：葛发欢，中山大学药学院教授，学科方向为生药与天然药物化学，现任中山大学广东省中药超临界流体萃取工程技术研究中心主任，兼任中国化工学会超临界流体专业委员会副主任委员、中国医药工程设备协会医药自动化专业委员会副主任委员、《中药材》杂志副主任编委等多个学术团体职务。葛发欢教授长期从事超临界流体萃取等中药现代提取分离技术、中药与天然药物及纳米药物研究，在新型的绿色提取分离及纳米药物技术领域形成了特色和优势。主持过国家及省部级科技计划等项目40多个。主持研究的多项关键核心技术得到了推广应用；主持研究的多个新产品获得生产或临床批件并大部分已产业化；曾多次参加对口帮扶西藏、毕节、凤庆等地的科技援助工作，帮助凤庆县提高了核桃、茶叶籽等农产品精深加工水平，为助力凤庆县产业扶贫作出了突出贡献。

产业扶贫的初心

云南省临沧市凤庆县为中山大学的定点扶贫县，经深入凤庆县调研及与当地干部群众交流，葛发欢了解到凤庆县是核桃及茶叶大县，核桃种植面积达 170 万亩，茶叶种植面积达 30 万亩。核桃和茶叶籽是凤庆县具有独特资源优势的两种药食两用特色农产品，在食用油及健康产品方面有较大的开发应用价值。但由于凤庆地处偏远山区、产业技术落后等原因，核桃、茶叶籽等农产品缺乏精深加工，导致产品附加值不高。中山大学时任校长罗俊提出："扶贫扶长远，长远看产业。"能否帮助凤庆打造好脱贫致富的长效机制，关键是看能否种好产业这棵"摇钱树"。2016 年，正值全国脱贫攻坚战的关键时期，凤庆县及相关企业也在寻找特色产业深加工技术。作为一位有着深厚家国情怀的教学科研工作者，葛发欢认为应该利用一流学科的科技优势为国家的扶贫分忧、为地方经济发展服务，因此积极地参加对凤庆县的帮扶工作。2016 年以来，在校工会组织下，葛发欢在凤庆县进行了多次项目调研及交流，在深入调研后把核桃及茶叶籽的精深加工确定为产业扶贫的切入点。在凤庆县当地领导的支持下，葛发欢与当地企业——云南一叶生物科技股份有限公司合作，帮助开展核桃、茶叶籽相关产品的精深加工技术开发并推动其产业化。

开发核桃油及茶籽油精深加工技术

超临界二氧化碳萃取技术是利用临界点以上的二氧化碳代替溶剂进行提取的低温绿色技术，由于优点突出，受到学术界和工业界的高度重视，并在医药、食品、香料等领域得到了较好的应用。在确定了扶贫产品的原材料后，葛发欢团队采用上述技术为凤庆县开发了核桃和茶籽精深加工工艺及产品，并设计了一条利用超临界二氧化碳萃取技术生产核桃油和茶籽油的生产线。该生产线所采用的连续式超临界二氧化碳萃取为核心的成套技术是国内领先的食用油绿色生产技术，具有高效简便、绿色环保等特点。目前，压榨或溶剂提取再加精炼是食用油生产的主要工艺，由于传统工艺固有的缺点及高温、过度精炼等过程的影响，有可能直接导致食用油产生致癌物苯并芘及重金属等其他有害物质的残留。葛发欢团队采用的技术可做到食用油的适度加工，改变了传统食用油的过度加工工艺，所生产的核桃油、茶籽油产品无残留溶剂，还能保留其营养成分，极大地提高了凤庆县核桃油、茶籽油品质。同时，生产完核桃油和茶籽油后余下的药渣得以完好保留，其中的核桃蛋白粉可开发成功能性食品，茶籽渣可开发成去污粉及洗涤剂等日化产品，做到综合利用提取后的副产物，减少废渣，形成绿色产业链。

超临界二氧化碳萃取技术生产的核桃油、茶籽油产品

（来源：校工会）

生产线建设及投产

2017 年至 2018 年间，葛发欢指导并协助企业进行设备选型，并指导完成了核桃油、茶叶籽油生产线的建设。建立了以连续式超临界二氧化碳萃取技术为核心的成套装备生产线一条、原料前处理生产线一条、产品分装与包装生产线一条，实现了年处理原料 800 吨以上的产能规模。2019 年 1 月以来，产品开始实现产业化及市场销售，取得了明显的经济效益。同时，核桃油、茶叶籽油等产品的产业化在一定程度上提高了凤庆农民种植核桃、茶叶的积极性，也为当地老百姓提供了就业机会。

左图：落地凤庆县的超临界二氧化碳萃取核桃油、茶叶籽油生产线　　右图：专家工作站在凤庆县设立

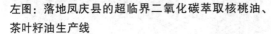

（来源：校工会）

同时，为深入实施创新驱动发展战略和人才强国战略，在2019年5月成立的企业专家工作站的基础上，云南省科技厅等相关部门于2021年1月在凤庆县建立了云南省葛发欢专家工作站，进一步提升凤庆县的产业核心竞争力和科技创新实力。

正如葛发欢所言："我们的帮扶工作主要是针对凤庆县的优势资源，采用先进适用的超临界二氧化碳萃取成套技术开发特色健康产品，在凤庆实现了核桃油、茶籽油的绿色环保生产，并大大提高了产品的品质及安全性。能利用学科的优势助力产业扶贫并推动绿色技术的产业化使我感到十分开心。"

探索扶贫新模式

为进一步开发利用凤庆县丰富的植物资源、助力相关产品的市场推广、促进凤庆县植物资源大健康产业转型升级，中山大学和凤庆县人民政府在凤庆县先后举办了两届产业高峰论坛——2019年的"植物资源大健康产业高峰论坛"及2020年的"绿色生态与大健康产业高峰论坛"。

在两次论坛组织过程中，葛发欢与校工会、科学研究院等部门一起，积极推进论坛活动的开展，负责推荐并组织论坛报告的专家团队。在两次论坛上葛发欢分别作了《基于绿色技术的核桃、茶籽等特色资源产品研究开发及应用》《超临界 CO_2 萃取技术在中药、天然药物及健康产品中的应用》两个学术报告。

葛发欢在"植物资源大健康产业高峰论坛"上作专题报告
（来源：校工会）

两次论坛立足于凤庆县特色的植物资源，结合前沿的学术研究成果，从植物资源开发及应用、生产工艺、生产标准、生产装备等方面进行了深入浅出的阐述，为在场听众提供了一场知识的盛宴。来自全国各地的专家根据凤庆县及云南省的资源开发与利用情况，为凤庆县的发展需求共同献计献策。论坛的召开大大提高了凤庆县生产高品质食用油的知名度及市场认可度，推动了产品的对外销售。时任教育部教育装备研究与发展中心副主任、教育部赴滇西挂职干部总队长李平在论坛的致辞中指出："高峰论坛探索了一种高校合力扶贫的新思路，搭建了一个凝聚多方力量的重要平台，也是谋划高校扶贫与乡村振兴有机衔接的先手棋和有益尝试。"

采访手记

在采访中我们感受到，除了众所周知的因病致贫、因学致贫等原因，凤庆县的贫困根源还是在于缺少产业的支撑，在于缺少文化知识，在于闭塞的环境和不便的交通。

脱贫攻坚的成果不仅表现在安居工程、饮水工程、交通道路等一系列基础设施的硬件建设，更表现在产业扶植的多元性、地域性和"造血能力"的提升，表现在脱贫户对自己家乡产业的信心。脱贫攻坚在改善人们物质生活条件的同时，也在改善着人们的精神面貌。

发挥学科专业和人才的优势，为脱贫攻坚提供科技和智力支撑，是高校科研工作者对扶贫工作最实际的贡献。葛发欢怀着简单纯朴的扶贫初心，发挥自身专业优势，将技术带到一线，推动成果落地，在凤庆县探索出了一条产业脱贫的道路。葛教授认为，这些工作"很普通，不足挂齿""自己没做什么"。也许就是这样的谦逊和务实，才能在学校 2000 公里外的一方热土上留下一项项扎扎实实的帮扶项目，取得一个个实实在在的帮扶成效。

（作者：药学院）

李建辉：在边疆绽放生命新精彩

李建辉

（来源：校工会）

人物简介：李建辉，中山大学附属中学语文教师，2018 年 2 月至 2022 年 8 月在云南省临沧市凤庆县第一中学支教。

醉心教学，讲台续光热

2017 年下半年，中山大学组织退休教师前往定点扶贫的云南省临沧市凤庆县援教。当时，李建辉刚从中大附中退休不久。虽然已不在岗位，但他仍然热爱教学，也曾经到其他学校和教育机构任教。然而，他渐渐觉得，做老师的某种感受似乎只有在教室里和课堂上才领略得到。

时任中大附中校长的廖珂接到帮扶任务后，立刻征询李建辉的意见，而李建辉的第一反应是"临沧在哪里？"——彼时，这个名词对于一直在东部地区工作生活的他来说还过于陌生。为了深入了解凤庆的风土人情，同年年底，在廖校长的动员下，李建辉和家人、同事一同前往凤庆体验。

"我们早上从广州出发，坐飞机到昆明，再转机到临沧机场时已经是傍晚了，"李建辉回忆，"吃过饭后从临沧到云县，再到凤庆时，差不多是晚上 10 点。"一路上从平原飞到群山之巅，从公路开到山路，天色越来越暗，路越来越崎岖，然而车子一驶入凤庆，他就觉得"像是渔人进入桃花源，感到豁然开朗"。滇红路上灯火辉煌，流光溢彩；山间雾气升腾，仙气袅袅。这次体验，无论是壮美的景致，还是热情的凤庆人，都给他留下了深刻的印象。回到广州后，他签下合同，于第二年的 2 月凤庆一中开学之际正式前往任教。

李建辉自我总结前往凤庆共有三点原因：其一，喜欢教书；其二，凤庆县当地政府、学校的诚意让他感动；其三，中山大学给予的关怀，让他感到学校的期许。至于待遇条件，他从未提过，也从未问过。三年合同期满后，他又被反反复复邀请留用，于是又留任了一年有余。地图上那个祖国西南的小城，不仅走进了他的视野，他的生命也在那里绽放出新的精彩。

思维训练，双主体课堂

语文是工具性和人文性的统一，既作为交际工具存在，也在文本中隐含着思想情感、价值判断，甚至文化观念。李建辉认为，语文课应该在孩子成长过程中为他们三观的形塑起到作用。

在他的认知中，教语文的最终目的就是八个字——"训练思维，提升文化"，然而刚开始上课，他便察觉到，这里的学生"很听话，非常乖，但思维不活跃"。因此，他致力于改变这样的状况。相比起做文字的"搬运工"，李建辉更认可教师、学生双主体的教学模式，在碰撞思想、链接思维的过程中，完成高效课堂。

为了达成这一目标，李建辉的课堂都由学生的口头作文导入，作文的类型也随着年级的升高，从自由作文转换为时文评论。为培养学生的辩证思维，他鼓励学生讨论和质疑，并一一点评。有时学生会聊到热点话题，他也忍不住"技痒"，和学生们一同讨论，并自然过渡到课程内容上。

书面作文方面，李建辉也提倡自由写作，写出心声。比如写《红楼梦》的读书观影系列，他利用课堂引导学生观看《红楼梦》电视剧，并向自己提出诸如"你喜欢这部作品吗？""你如何看待它呢？"等问题。很多学生经过一段时间的写作训练，愈发喜爱读书，对书中描写的情感也愈发有代入感，从简单理解字句和情节，上升到产生审美感悟的高度。

"我要求学生写真话，真话不等于真理，要允许学生犯错误。"除了阅读学生的肺腑之言，李建辉还会从作文中挑选出病句，作为生动的例子给学生展示。比起习题，这些来自学生的例子更生活化，更便于理解，也更能激起学生的兴趣。

引导质疑，启发式教学

提出问题是打破思维定式、活跃思考的重要环节。除了基本的作文本、默写本，李建辉的学生还有一个特殊的"质疑本"。每次布置预习作业，他会要求学生根据现有的资料，针对文本提出两个指向明确、内容具体、表述清楚、思维含量高的问题，并以学生的提问为基础展开备课。要求虽高，却有一箭双雕的效果：既引导学生预习，锻炼他们的语言组织能力；还启发他们跳出对教辅材料的依赖，进行独立思考。

每接手一个新班级，李建辉会上一堂"导论"课，告诉学生教师的弱点。"我的普通话不标准，字也不漂亮，我就是个很平凡的老师，"他对学生说，"但是我比较较真，我上课一定说真话。"在他的课堂上，教辅书上能找到的、网络上能查到的答案的问题，都不是重点。他的每一份解读，都蕴含着自己对文本个人化的理解。

"比如我讲古诗词，就告诉学生一个原则——把诗读通。"李建辉所谓的"通"，第一层是带领学生讲"通"作品内在的逻辑，第二层是作品里面所体现的人文体验和情感，要与现实生活经验链接起来，这种链接一旦形成，就会引起学生触动，最终积淀为他们的文化和人格。比如讲授李清照的《声声慢》时，为了让学生进入作者的角色，李建辉启发学生，思考"寻寻觅觅"发生的场所，以及触发的契机。他认为，利用学生的生活经验去调动情感，让孩子们进入作者的情境，才能够最大程度地与作者共情。

对文本的解读能力是李建辉强调的语文教师应当具备的重要能力之一。此外，他还重视对学情的把控。在课堂上，他会敏锐地发现学生需要巩固加强的内容，进而把握课堂的走向。学生的思考、困惑，往往会反映在他们的课堂发言或作文中，这就提供了认识学情和课堂的良好契机。在此基础上，李建辉还要求自己关注课程资源的开发，即尽可能地即兴捕捉鲜活的课程资源，通过文本的和非文本的途径，实现课程目标，增长教学智慧。比如课堂上发生的小意外，甚至连学生打瞌睡，都会被他"信手拈来"，成为具象的例子，用来解释文本中的抽象概念。

不舍离别，还续凤庆情

在凤庆再续讲台情四年有余，李建辉始终如一地投入工作。他不仅对学生负责，而且毫不吝于分享教学经验。分管教学的凤庆一中副校长高汉舟谈回忆道："李老师特别认真，有一次他去听课，写了四千字的听课报告，我当时很惊讶。"不到一年时间，李建辉就有了10余万字的教学日记和3万字左右的听课笔记。

他开玩笑说这是因为自己喜欢"胡思乱想、胡说八道"，即使退休也不想闲着。四年半延续讲台生涯的时间里，看到学生"至少不排斥，甚至还比较欢迎我"，他说自己已经足够满意了。李建辉在凤庆一中收获了不少"粉丝"，在李老师的课堂上，学生们总是真切地感到有所收获。

"我为学生带来新观念，也得到了独一无二的人生历练。"李建辉称这种教学经历为"互相学习"的过程。他的平等观念时时贯穿在教育教学的各个方面——自剖缺点；鼓励学生质疑；重视师生双主体课堂；认为老师不能够高高在上，把责任异化为权力，而是要时刻注意师生平等，克服文化优越感。

如今李建辉已结束在凤庆的支教生活。即将动身离开凤庆之际，他坦诚说："其实还不太愿意离开，这个夏天一直躲在这里——气候太好了，民风也是。"他回忆起刚到凤庆任教时，很惊讶办公室从不锁门，后来发现此处确实民风淳朴，人们热情好客。几年过去后，他不仅能听懂凤庆话，也与不少师生结下了深厚的友谊。

李建辉说："我既然来到这里，也就是边疆人了，同样享受了党的光辉照耀，就更应该忠诚于党的教育事业，真心传播教育理念，为边疆的教育事业奉献余热，在陪伴孩子们成长的过程中，刷新自己的生命。"

采访手记

在此次采访前，我其实已经为李老师撰写过一次稿件，但彼时未曾谋面，仅根据参考材料撰文。2022 年 8 月，我加入研究生支教团，到凤庆一中任教。第一次进入宿舍的那天，我的脚步放得很轻。隔壁的门突然打开，一位身量很高的老者——我不知称他为"老者"是否恰当，因为他衬衫笔挺，神采奕奕——问我们是不是来自中大。这位正是李老师。初次见面，我们就进入他的家中做客，尽管我们生长于祖国的大江南北，但在遥远的西南相逢，却有着他乡遇故知般不约而同的亲切。

当晚和此后的两天，我们都一同活动，前往凤庆辖的各个乡镇观摩新农村建设，一路上山下田，边行边聊。李老师说要"融入年轻人"，当真不是说说而已。且不谈崎岖的山路，他走得比我们更矫健稳当，就连车里一路播放的嘈杂音乐，他也能和我们一起欣赏。

我们第一次谈到语文教学，是在初次共饭的餐桌上。李老师提到教学诗歌要让学生把诗读"通"，比如如何理解《沁园春·长沙》中的"怅"字。这份提点在后来我准备这篇高中语文第一课时，给予了我很大的启发。围绕"怅"字，我向学生科普写作背景，探讨作者情感，一同重温中国革命的艰辛历程。

第二次详谈是接到访谈任务后，我在李老师的家里，在师母准备的茶点中度过了一个愉快的下午。与其说这是一次采访任务，毋宁说是我的偏得。李老师说语文是"训练思维，提升文化"的学科，我直到任教后才发觉知易行难。至于他谈到的语文老师应当具备的素质，我更是才刚刚有所体悟。越深入学生，备课的次数越多，我越意识到自己和优秀教师之间的巨大差距。经验无法在短时间内速成，这转瞬即逝的一年里，我能够做的，只有用心、更加用心。

写下这篇手记时，李老师即将离开凤庆，很可惜无法时时面对面地请教，然而我想，有这番相遇即是很深的缘分。希望李老师此后的生活也顺遂、平安。

（作者：姜清越，2021 级中国语言文学系研究生）

中山大学研究生支教团凤庆分队：
既是传承者，也是开拓者

　　2023 年是中山大学研究生支教团成立的第 24 个年头。2014 年开始组建的凤庆分队是支教团中的后起之秀，每年输送有推荐免试攻读研究生资格的本科生或在读研究生到云南省临沧市凤庆县进行为期一年的支教工作。

　　九年来，中山大学研究生支教团始终积极助力当地教育事业。在教育帮扶上，支教团成员不仅专注教学、参与行政工作，而且通过借助中山大学这一强大后盾及整合社会资源的方式，致力于当地教育公益事业的发展。目前，支教工作囊括教学、助学、奖学，以及改善学校硬件、组织文化交流等各项事宜。现今，我国正处于巩固脱贫攻坚成果向全面推进乡村振兴的转型时期。2022 年，中山大学研究生支教团在支教凤庆县鲁史中学的基础上，首次组建凤庆县第一中学分队，达成了与凤庆更为紧密的帮扶关系。

航拍鲁史中学
（来源：校工会）

学贵有方，教亦有道

参与当地教学和兼任行政岗位是支教团的基础工作。理想很美好，但现实却对支教老师们提出了更大的挑战。来自地球科学与工程学院的徐述腾要教授政治，来自国际关系学院的方仕杰要教授地理，来自电子与信息工程的方媛要教授地理、英语……尽管教授科目与所学专业相距甚远，但秉承着"哪里最需要就去哪里"的志愿者精神，他们还是接下了工作。由于对当地学生的基础和教育模式认知不足，加之教授的并非是自己所擅长的科目，支教老师在刚开始任教时走了不少弯路。带着学生轻轻松松解决一道道难题的情景只存在于想象中，现实是面对学生成绩时的愁眉苦脸。

"支教老师可以任教一些科目，缓解当地学校的师资紧缺，并以轻松活泼的方式将知识传授给学生"，这是第 19 届支教团成员方仕杰对于支教老师教授科学文化知识职能的认知。年轻有活力是支教人的标签，他们会鼓励孩子们自主思考和表达，培养他们的学习兴趣和习惯，比如教授英语的陈曦会在课前放英文歌、挑选课文教孩子们学习朗读、根据发音规律背单词，陈佳敏坚持让学生学习英语自然拼读法，刘淏天会在语文课上科普和云南相关的文化知识。当地学生反映："以前上课，我们都是按照课本来，而支教老师会在课上普及文化知识，让我们学会欣赏和表达等等。"事实证明，这种科学、可持续的教学方式是有一定成效的。在陈曦的带领下，学生的英语成绩和英语水平都有了明显的提高。

陈曦的英语课堂
（来源：校工会）

助学奖学，薪火相传

"一对一"爱心助学项目是中山大学研究生支教团薪火相传的品牌项目。助学方式是由一名社会爱心人士独自或与亲友共同资助一位贫困学生。自 2014 年起，支教团成员一方面通过家访和学校推荐相结合的形式，收集服务地学校的贫困学生信息，建立贫困学生数据库；另一方面借助中山大学的雄厚资源，积极联系爱心人士、基金会，成为两者沟通的桥梁，开展长期的对贫困学生的"一对一"配对资助。2018 年，凤庆分队首次联合博研基金开展"博研一对一"爱心助学，为鲁史中学的学生进行资助。至今，这一项目仍在继续，仅第23届研究生支教团鲁史分队，"一对一"爱心助学项目就帮助了 179 名贫困学生，学年资助金额总计272800 元。这种直接提供资金支持的方式能在短时间内缓解家庭经济压力，让学生能在学校安心学习。此外，资助往往起于资金而不止于资金，很多资助人会给学生寄礼物，有些甚至会到学校看望学生。学生也对资助人抱有感激之情，常常会写信给资助人汇报自己的学习生活动态，并表达对资助人的感谢。支教团成员也会定期将学生的考试成绩同步给资助人，建立起双方之间的信任。

第 16 届研究生支教团进行家访

（来源：校工会）

"博研励志班"是由广州市慈善会博研慈善基金出资设立的奖优助学项目，由中山大学研究生支教团联合服务地学校共同执行。以家庭困难且成绩优异、品行优良的学生为奖励对象，每期面向服务地中学选拔 90 名学生，一学年为一期，仅 2021—2022 学年就发放了奖学金 54000 元。此外，博研励志班还定期开展励志讲座，激励学生的求学之心。

2016 年起，在中山大学团委及校友会的支持下，支教团在鲁史中学设立了"中山大学西部励志奖学金"，用于奖励成绩优秀和进步较大的学生。在中山大学管理学院、岭南学院的相继资助下，许多品学兼优、努力踏实的学生获得了奖励，这也激励着其他学生勤奋学习、追求上进，在学校内形成了良好的求学风气。

身体力行，体察所需

除传统项目之外，中大研究生支教团还根据服务地情况，借助学校和自身的力量，努力解决学生的需求和困难。

在支教过程中，第 18 届支教团成员徐述腾发现学生近视情况严重，但在当地配一副眼镜的价格贵得惊人，于是萌生了给学生优惠配眼镜的想法，并在 2017 年 4 月首次发起"圆孩子一个心愿，给孩子清晰的世界"公益活动。活动联合深圳市慈善会润心基金、凤庆县人民医院和广州市 66 明镜公司等机构为 385 名需配镜的学生配置眼镜。该活动由广州市博研慈善基金、66 明镜公司和中山大学研究生支教团凤庆分队共同发起，邀请凤庆县人民医院的眼科医生，对报名需要配镜的学生和教职工进行免费电子验光，为服务地学校师生提供公益配镜服务。至今，该活动仍在延续。

此外，支教团成员还开展了衣物、图书和扫描仪等爱心捐赠活动，协助改造师生宿舍楼，并协助凤庆县开展"返家乡"等社会实践活动。

2018 年 1 月，凤庆县人民医院医生为学生调配眼镜
（来源：校工会）

心灵交流，益友良师

　　"我今年支教的最大感受，是学校的硬件已经相对完善，而最难啃的骨头在学生心里。"方仕杰说。在家访中，支教团成员发现，学生产生思想问题有复杂的社会家庭原因，而心理是私密的领域，最有效的解决方式是面对面沟通。于是，第 19 届研究生支教团成员建立了心理咨询室，对学生进行个体辅导。后续的数届支教团持续重视学生心理健康，通过谈心交流等方式，帮助学生保持良好心态。

　　"青翼计划"是中山大学团委主办、校友企业支持、中山大学研究生支教团执行的，在服务地设立的以青少年科技文化交流为主要内容的公益项目。"青翼计划"打破传统的捐资助学形式，搭建了一个相互学习、交流和成长的平台，通过带领学生到改革开放的先行地广东，亲身体验、切身感受广东的发展成果，为学生种下梦想的种子。

　　2017 年，中山大学第 18 届研究生支教团首次带领凤庆的学生参加"博研·青翼计划"，走进中山大学。随后的 2018 年"碧桂园·青翼计划"、2018 年"幸福·青翼计划"、2019 年"博研·青翼计划"、2020 年"幸福光明·青翼计划"、2022 年"图匠·青翼计划"等活动中，都有凤庆学子的身影。

　　任教于鲁史中学的英语老师张成英是"青翼计划"中首次前往广州

的教师代表之一。她初入鲁史中学之时，正是中山大学研究生支教团凤庆分队成立的第一个年头。见证着支教团的成长，她坦言中山大学研究生支教团对她的影响非常大。从前，她不太懂慈善，觉得那离自己很遥远，看到社会各界对鲁史中学的帮助后，她深受触动。此后几年，除了支持和协助各项扶贫工作的开展，她还将售卖鲁史特产的微店的部分所得用于资助学生。

左图：展示来信的学生们　　　　右图：图书交流学生回信

（来源：校工会）

继往开来，负重前行

"在书斋里待的久了，自然想到外面看看，做些有意义的事情。有些道理还需在实践中检验，有些品格还需在实践中历练。"第 20 届支教团成员钟滔这样阐述自己选择支教的理由。

第 23 届支教团成员许锦涛说，支教生活让他体会到山区农村学校办学的艰辛、教师的匮乏和学生求学的不易，但学生的求知欲让他看到希望，感受到温暖，也有了动力。

志愿服务，支援西部，爱心助学，扶贫济困，中大人始终牢记孙中山先生"要立志做大事，不要立志做大官"的遗训，虽未有"改变世界"的惊天壮举，却通过一年又一年的努力，改变了许多孩子眼中的世界。

继往开来，负重前行，中山大学将继续与凤庆保持紧密联系。教育帮扶，凤庆分队永远在路上。

（作者：姜清越，2021 级中国语言文学系研究生）

连

州

篇

沈文杰：在"硒"望的田野上，用专业助力乡村振兴

沈文杰（右一）
（来源：地球科学与工程学院）

人物简介：沈文杰，中山大学地球科学与工程学院副教授，教工第二党支部书记。他立足地质专业，自 2018 年 5 月起在广东省连州市开展富硒土壤调查，用实际行动助力乡村振兴。2018 年和 2020 年两度获得"中山大学优秀共产党员"称号。

"来尝尝富硒火龙果"，粤北连州大山脚下的火龙果果园园主梁宇华热情地招呼大家，"这是中大沈教授帮我们调查开发出来的，他经常来这里，我们很熟悉。"来到粤北实习的师生刚到果园边上，就听到这样一席话，一下子拉近了距离。"你们帮看看，园子边上的石头，是不是硒含量

很高?"本来没有专业知识的农户,也都对土壤下面的石头产生了兴趣,明白了土壤成分与下覆基岩之间有密切的继承关系,进而影响和制约农产品的品质。

七八月份的连州,天气炎热,骄阳似火。同样热火朝天的是果农们的工作,鹰嘴桃、水晶梨、火龙果等从富硒果园和生产基地源源不断地运出来,在田头交易市场分拣,分类、包装、装箱后再发往全国各地。来自中山大学的沈文杰,用科技创新助力贫困地区经济发展,用青春智慧为脱贫攻坚插上"硒"望的翅膀,为连州的农业产品打响富硒品牌,提升了质量和市场认可度,在山区人民最需要的地方贡献了中大力量。虽然他到连州的时间还不算很长,但与果农们已十分熟络。大伙儿聊起中山大学定点帮扶这些年来给村里带来的各种变化,欣喜之情溢于言表。

立足专业,科技点燃"硒"望

"服务社会"为学校的四大功能之一。如何把科学技术送到群众身边,把实验室搬到田间地头,让科研火种在基层一线燎原,是摆在学校和每个科研人员面前的重大课题。沈文杰团队在富硒资源调查和开发利用研究中,立足一流学科地质学、一流专业地球化学,充分发挥专业优势,将地质工作与"三农"工作有机结合,以农业地质手段从根本上解决土壤缺硒问题。"纸上得来终觉浅,绝知此事要躬行",田间地头,测土采样、检验检测、种植规范,这是团队成员最真实的工作写照;"硒"望讲堂、个性化帮扶、培养技术带头人,这是将科技成果融入国家现代化建设中最有力的行动。在接续奋斗中将带动更多的农民发家致富,用科技创新的力量助力乡村振兴。

沈文杰（左三）团队考察连州富硒农作物种植情况
（来源：地球科学与工程学院）

精心规划，科学施策，探明连州"硒"望家底

连州市地处南岭之中的萌渚岭南麓，总面积超过 2600 平方公里，境内山高岭峻。沈文杰团队在充分调研连州市自然地理、区域地质（包括地层、岩浆岩、构造和矿产资源等）和土壤类型、分布及特征的基础上，按照 1/5 万比例尺规范原则进行采样点的布置和规划，利用卫星影像和 GPS 工具等，开展调研考察和样品采集。

"只有规范、准确采集的土壤样本，才能代表连州市耕地土壤，才能准确认识连州市土壤硒元素的含量水平和分布特征。""高标准实验测试是正确评价土壤硒元素含量水平的基础。"从 2018 年起，沈文杰带领科研团队历时近两年，走遍了连州市的大小村落，足迹踏遍各个乡镇地块，旱地、水田、山林……在 356 平方公里的耕地中，采集了 3009 件土壤样品，完成了连州市耕地土壤样品的采集。

师生们在富硒火龙果果园旁边观察土壤母岩
（来源：地球科学与工程学院）

81

通过科学、严谨的实验流程，沈文杰团队完成了3009件土壤硒样品的预处理和测试工作，并对实验数据进行了科学的分析和总结，撰写了《广东省连州市土壤硒元素含量调查项目成果报告》，并在"2020广东休闲农业与乡村旅游精品推介活动会"上发布。报告表明，连州土壤硒元素含量水平总体比较高，拥有富硒土壤20万亩以上，硒含量平均值高于广东和全国，具有鲜明的富硒特征。连州市土壤硒元素含量报告的出炉，摸清了连州市富硒资源家底，为连州市农业富硒产业提供了权威数据和科学遵循，为连州市打造"岭南硒谷"奠定了坚实的基础。

坚持不懈，持续发力，做强"硒"望产业

2018年以来，沈文杰与连州市农业部门一直保持联系，多次接受对方的咨询和服务请求。沈文杰曾向连州市农业部门建议，富硒产业要加强顶层设计，合理规划和错位发展富硒农业，精心打造连州富硒农业品牌，鼓励和支持企业申请专利、申请地理标志性产品，加强市场保护。坚持走高端开发和低端普惠路线，高端产品要实施地域品牌、企业品牌、商品品牌"三位一体"的品牌发展战略，提高品牌影响力，真正实现"以硒为贵""以硒强市"；低端品牌以高种植（养殖）面积、高市场占有率的形式普惠大众，体现"以硒富民""以硒养民"。

师生们考察硒矿提炼加工厂
（来源：地球科学与工程学院）

目前沈文杰正在推动连州市申报"天然富硒土地划定与标识"和"地质文化村镇建设"（由自然资源部下属机构中国地质调查局主办），以扩大连州富硒品牌的知名度和含金量。沈文杰团队核心成员李兴远2020年成功申请"广东省农村科技特派员"项目，将继续发挥科技创新驱动引领地方农业经济发展的重要作用。

学校和地球科学与工程学院支持以"富硒"调查为突破口，助力乡村振兴。校工会和学院领导多次亲临一线，考察和督促"富硒"工作的深入开展，以地球科学专业知识为指导，多维度促进农民专业知识素养提高，促进农业增产增收。在沈文杰的呼吁和推动下，中山大学与连州市农业农村局签订合作共建协议，依托农业农村局建设中山大学实践教学基地。利用连州市农业地质资源，培养农业地质人才，促进更多的学生和老师加入农业农村的建设中，为连州市乡村振兴贡献更多力量。

精准帮扶，点滴做起，"硒"望在路上

连州市土壤总体富硒，但具体到各个农户，其农田和农产品是否富硒则需要进一步测试和调查。许多果农迫切想知道自己的田地和产品是否富硒，沈文杰也经常收到这样的问题和请求。对于这些个别的测试需求，他主动担当，免费帮他们进行处理和测试。2021年6月，连州市德志农业专业合作社及桃谷缘果场分别送来了土壤样和水果样，分析结果显示，这两个果场的土壤均达到了富硒土壤标准最低值的三倍以上，所产鹰嘴桃均达到了富硒水果的标准。

沈文杰一直也在思考和推动针对果园级别地块的富硒土壤和农产品的调查。这个级别的调查具有精准性，对农户来说更为关键。对于农产品，亦需要建立常态化监测机制，以保证产品的质量不下降。借鉴其他团队模式，他们将开展精准富硒服务的新模式：一是以精准富硒技术、检验检测平台和种植示范基地为依托，将富硒核心技术最大化利用；二是以"硒"望讲堂、个性化帮扶方案、培养技术带头人三项具体举措为载体，将技术从"纸面"落到"地面"，二者相辅相成。在此基础上，团队争取政府、企业和高校资源，联合高校公益社团、社会公益组织面向缺硒地方病灾区和相对贫困地区开展精准富硒服务，巩固贫困地区脱贫成果，助力乡村振兴稳步推进。

作为一名高校教师和科技工作者，沈文杰不断探索学习，夯实教学科研之基；作为一名共产党员，他不忘初心，以自己所学之长，带头参与国家脱贫攻坚战役。他用实际行动，展现了一位心有大我、至诚报国的新时代党员教师形象。

（作者：地球科学与工程学院）

刘立欣：把规划和教学做到扶贫攻坚第一线

刘立欣
（来源：地理科学与规划学院）

人物简介：刘立欣，中山大学地理科学与规划学院讲师、高级工程师，中国致公党党员，国家一级注册建筑师、注册城市规划师。2016年至今，作为负责人为中山大学定点帮扶点——广东省连州市丰阳镇柯木湾村编制了一系列扶贫发展规划，并为后续规划的落地实施提供技术指导，相关规划成果获"广东省优秀城市规划设计"一等奖、"国际大学生园林景观规划设计大赛"金奖，个人获得"中国政公党脱贫攻坚先进个人"称号。

2020年7月，两年一度的"广东省优秀城市规划设计"评奖现场传来消息，由中山大学地理科学与规划学院编制完成的村庄规划项目——"连州市丰阳镇夏东村景观提升及旅游发展规划"，在同国内近 500 所一线规划设计机构的比拼中获得一等奖。这时候，人们才注意到这个项目扶贫发展规划的特殊类型，以及背后一支由大学教师和本科生共同组成的特殊团队，而青年教师刘立欣就是这个团队的技术负责人。

"规划先行"扶贫方式的践行者

2016 年，按照广东省委、省政府的统一部署，中山大学开始对位于粤北山区的省级贫困村连州市丰阳镇柯木湾村进行定点帮扶。当时的柯木湾基础设施不足、村庄环境较差，加上没有相关产业，村内只有少数留守的老人和儿童，仿佛一处被人们遗忘的世外桃源，深藏在南岭之中的萌渚岭南麓。

脱贫发展，规划先行。地理科学与规划学院师生团队加入中山大学定点帮扶队伍之后，摆在他们面前的首要问题是如何找到一条适合柯木湾所代表的粤北山区村庄的脱贫发展之路。2017 年暑假，刘立欣和同事带领城市与区域规划系 20 多名学生进驻柯木湾，他们对村民进行入户访谈寻找致贫原因、调查现有基础设施确定未来建设重点、挖掘整理村庄文化历史和旅游资源、对村内传统建筑和古树名木进行逐一编码并详细记录，最终呈现在村民面前的是百余页沉甸甸的《柯木湾村庄发展调研报告》。这为中山大学定点帮扶柯木湾一系列扶贫策略的制定和后续《柯木湾村精准扶贫战略规划》的编制提供了详尽信息和一手数据。

夏东村是柯木湾村下辖的一个自然村，原为周边山民冬季下山避寒之地，原名"下冬"，后因"日出祥瑞之东"的说法更名为"夏东"。该村四周山林梯田环绕，生态环境优美；连江支流南侧穿过，景观资源丰富。但与陶渊明笔下"桃花源"一般山水田园景色伴随的是交通可达性差（仅一条山路与外界相连）、基础设施不足以及村民住宅杂乱无序的现状。刘立欣敏锐地意识到夏东村具有发展乡村旅游的先天条件。但如何挖掘当地旅游资源、确定旅游发展模式，吸引周边乃至整个珠三角的游客是团队需要解决的第一个技术问题。2012 年下半年至 2018 年上半年，中山大学广州校区南校园地环大楼 E201 会议室，每逢周三晚上都是灯火通明、热闹非凡，刘立欣团队一次又一次地集思广益、畅所欲言，进行了无数次的案例分析。最终基于夏东村周边植物类型丰富、南北气候过渡的基本特征，村民耕种时间选择精准、南北方代表作物均有种植的现状条件，挖掘出"节气"这一具有夏东村特色的文化资源，提出"来夏冬，看四季"的旅游宣传口号，"错位一体发展、强化旅游符号、打造特色民宿"的旅游发展模式和"春赏花、夏入竹、秋收获、冬围炉"的旅游开发主题，并以此为基础编制完成《夏东村景观提升及旅游发展规划》。

以规划为指引，随着"道路系统升级、村内水系治理、公共空间设计、滨水岸线打造、特色公园建设、宅前绿地布置、配套设施完善"七大建设工程陆续完成，夏东村于 2019 年 9 月获评清远市①美丽乡村最高级别的"生态村"称号。那一刻中山大学派驻柯木湾驻村干部激动地说："感谢地理科学与规划学院团队为夏东村编制了既超前又接地气的旅游规划，为夏东村的发展找到了方向。扶贫规划的编制没有现成的经验可以借鉴，我们不仅要解决村庄发展的现状问题，也要前瞻性地提出未来发展可能遇到问题的解决方案。"近几年，刘立欣带领团队成员陆续完成了《夏东村后扶贫时代乡村振兴规划》（2020）、《夏东村公共空间规划设计》（2021）等专项规划的编制工作。如今的夏东村村容整洁、环境优美、道路宽敞、设施完善，特色民宿掩映在河边竹林之中，乡村旅游产业初具规模，越来越多的村民返乡开起了农家乐和特色民宿。"做梦也没想到能在家门口找到一份工，"一位脱贫的村民说。

夏东村景观提升及旅游发展规划

（来源：地理科学与规划学院）

---

① 连州市由清远市代管。

同心阙：讲述中大与柯木湾的故事

同心阙设计建造过程

（来源：地理科学与规划学院）

在中山大学凝聚全校合力帮扶、三批驻村干部的长期坚守之下，至
2020 年年底，柯木湾村集体收入超过 30 万元，是帮扶前的 60 多倍，全
村 72 户贫困户高质量脱贫出列，走出一条具有中大特色的"高校定点帮
扶贫困村"之路。建筑是凝固的历史，如何通过规划设计为中山大学对
柯木湾村的五年帮扶留下实体纪念，给后人讲述中山大学与柯木湾的
"连情与同心"的故事，是刘立欣时常思考的问题。尤其是每一次从古朴
典雅的康乐园走进绿水青山的柯木湾，这个问题都会在他的脑海中反复
出现。

结合正在主持的广东省自然科学基金项目"基于文化基因的广州康
乐园历史建筑群保护与更新研究"，刘立欣及其团队决定设计一座融合中
山大学历史底蕴和柯木湾乡土气息的景观建筑。经过元素提取、构成分析
和色彩组合的反复比较，一个兼具中山大学红砖绿瓦历史建筑和柯木湾灰
砖青瓦乡土建筑符号的设计方案逐步成型。"就叫'同心阙'吧，"刘立

欣放下手中的绘图笔兴奋地说。

经过设计方案深化、建筑材料选择和现场施工跟踪，一座极具特点的景观建筑出现在夏东村入口最显眼的位置。如今的同心阙已经成为人们拍照留念的地标式建筑，而刘立欣也总喜欢在同心阙前给前来参观调研的中大师生讲述夏东村的前世今生和中山大学与柯木湾同心帮扶的动人故事。

刘立欣在同心阙前进行现场讲解

（来源：地理科学与规划学院）

扶贫一线是科研基地，实践是最好的课堂

刘立欣把这几年在扶贫一线规划编制和实施过程中的心得与经验、曲折与教训融入他主持的建筑设计、景观设计等专业课，以及全校公选课中西文化交融下的中国建筑的课程教学中。因为在他眼里，扶贫一线就是他的科研基地，而实践是最好的课堂。此外，2019 年至 2021 年，以柯木湾村及夏东村为研究对象，刘立欣指导学生完成的毕业论文（设计）获院级优秀两项、校级优秀一项；他指导学生参加"第十届艾景奖国际园林景观规划设计大赛"，学生作品《桃源夏东——基于"人本"健康城市理念的理想化乡村图景》荣获金奖，个人获大赛"年度最佳指导教师"称号。

2021 年 6 月，连州市柯木湾村成为地理科学与规划学院"青马课堂实践基地"，学院领导和学工部教师带领 30 余名入党积极分子再一次来到柯木湾，同学们白天参观村庄、入户访谈，晚上展开讨论、各抒己见。柯木湾扶贫规划的编制实施实践为青马课堂提供了最好的案例素材和思政内容。

刘立欣在柯木湾青马课堂现场授课

（来源：地理科学与规划学院）

展望未来，镇域乡村振兴仍大有可为

2016 年至 2021 年五年的坚持，五种不同类型的规划成果，千余张不同专题的设计图纸，见证了一位普通大学教师结合自身专业特长、深入攻坚一线的扶贫之路。随着柯木湾实现全面脱贫，其村庄发展进入了乡村振兴的新阶段。根据广东省相关安排，中山大学的定点帮扶对象也从柯木湾村扩展到整个丰阳镇。

当贫困户名单上的名字一个个被划去、当越来越多外出务工村民回家开起了农家乐、当河边的特色民宿在每个周末变得一房难求、当游客在同心阙前对中大的扶贫壮举发出由衷赞叹的时候，刘立欣已开始着眼未来，以整个丰阳镇为对象、面向镇域乡村振兴的《丰阳镇城镇体系与田园综合体规划》的编制计划已经在刘立欣的脑海中形成。

（作者：地理科学与规划学院）

李晓超：柯木湾村红土地迎来的新书记

李晓超

（来源：校工会）

人物简介：李晓超，中山大学党委学生工作部学生工作管理处副处长，2016年4月至2017年10月期间，挂职广东省连州市丰阳镇柯木湾村驻村扶贫工作队队长兼第一书记。2017年1月，柯木湾村扶贫工作通过省扶贫办年度考核验收，56户贫困户顺利脱贫，工作队获评2016年"清远市精准扶贫精准脱贫驻村工作队先进典型"。

2016年5月，当李晓超从几百公里外的广州辗转几程，第一次踏上连州市丰阳镇柯木湾村的红土地时，尽管已经做好心理准备，但他仍然被村子的落后状况震撼：通往村子的道路泥泞难走，路边的房屋灰头土脸，远处绿油油的一片，不是整整齐齐的庄稼，而是杂乱无章的杂草。落后的景象给初到柯木湾村的李晓超以极大的震撼，但同时也让他更加坚定了让这个村子脱离贫穷、让这里的乡亲们过上好日子的决心。

柯木湾村属革命老区，村民居住地分散，生活条件较差，人畜饮水困难，劳动力种养技术较低，主体产业缺乏，村集体经济十分薄弱。2015

年，村集体经济收入只有 0.54 万元，全村农民人均可支配收入 7215 元，贫困户人均可支配收入 2865 元，还有较大的发展空间。根据广东省委省政府推进新时期精准扶贫精准脱贫三年攻坚的部署，按照《广东省扶贫办关于印发〈新时期相对贫困村定点扶贫工作方案〉的通知》要求，继河源市紫金县琴口村、连州市保安镇种田村后，中山大学第三轮定点扶贫连州市丰阳镇柯木湾村。李晓超被任命为中大派驻连州市柯木湾村的第一书记，负责 2016 年至 2017 年第一阶段的脱贫攻坚任务，为柯木湾村的脱贫起到了奠基性作用。

踏破铁鞋遍寻访

对贫困户的准确识别是精准扶贫的前提，而深入了解村民贫困原因、发展意愿、劳动能力是精准扶贫"因地制宜"的基础，是精准扶贫的重要工作。

李晓超与队员沙敏来到柯木湾村的第一件事，就是做好贫困户识别工作。两位驻村干部花一个半月时间对柯木湾村 87 户村民逐一入户核查，召开民主评议会，了解贫困户贫困原因、贫困程度等基本信息，对存疑情况反复核对，查缺补漏，同时根据村民自身情况，结合村建设合理安排脱贫措施。

李晓超走访贫困户
（来源：校工会）

村民胡记红一家是典型的贫困户，他本人在邻村帮人烧木炭，收入微薄，儿子又患严重疾病，丧失劳动能力，需要家人照顾，但在 2015 年 12 月政府组织申报贫困户时胡记红错过了申报，没能成为政府登记下的贫困户。了解到这一情况后，李晓超经过走访村民、开展民主评议，将胡记红纳入贫困户名单，并安排他在水蛭养殖场务工。经过一年的努力奋斗，胡记红一家在 2016 年年底就实现了脱贫。

经过前后四轮全面核查，柯木湾村最终确定了 75 户贫困户名单，为他们建档立卡，高效、精准、顺利地完成了贫困户的识别。这项工作受到当地扶贫办的高度好评，李晓超还被评为"建档立卡工作先进个人"。

筚路蓝缕通前程

基础设施建设是脱贫攻坚工作的基本和保证，道路、水电、人居环境一直是制约脱贫工作的"短板"，因此解决基础设施问题对于脱贫攻坚意义非凡。

马头嵊村和大江脚村是柯木湾村仅有的没有实现村道硬底化的自然村，下雨天村路泥泞不堪，村民出行不便，农产品生产成本高，严重制约经济发展。修路是村民多年的心愿，但一直没能实现。2016 年 4 月驻村后，李晓超反复奔走，争取村道硬底化补贴指标、理顺办事流程。经过半年的努力，终于在政府财政补贴和中山大学扶贫资金支持下，在当年年底启动道路硬底化工程，2017 年春节前顺利通车，实现了村民的夙愿。马头嵊村贫困户吴伟军说："我上小学时就盼着路通，现在终于盼到了，中山大学为我们村民办了一件大好事。"路通之后，村民单靠毛竹种植平均每户一年增收 4000 余元，验证了"要想富，先修路"的致富理念。

村道硬底化与村亮化、环境整洁化、自来水自动化并称为"四化工程"，是完善村基础设施建设、进一步改善村容村貌的重要工程。除了大江脚村道路硬底化外，李晓超还促成了太阳能路灯亮化工程、饮用水工程、村美化整洁工程的开展，为柯木湾村安装了 124 盏太阳能路灯，修建了 5 个自然村的公厕，改造了柯木湾村和夏东村的自来水工程，极大改善了村民生产生活条件，提升了村民的生活满意度和幸福感，为人民安居乐业、实现美好生活奠定了坚实基础。

授人以渔促发展

通过产业发展来带动村庄经济发展，进而带动村民脱贫奔小康，是新时期精准扶贫开发工作的重点也是难点，是"变大水漫灌为精准滴灌，变输血扶贫为造血扶贫"的关键所在。

驻村伊始，李晓超就积极开展调研，了解柯木湾村产业发展情况：柯木湾村的产业发展问题明显，农业生产结构单一，由于柯木湾村山多地少，人均耕地面积仅 1.79 亩，目前均用于种植仅够糊口的水稻；杉树种植有一定规模，但生产周期长，单价低、见效慢；近几年村民开始种植砂糖橘和红肉蜜柚，但产量有限，效益不高；养殖方面，家禽、家畜养殖规模小，商品率低，增收空间有限。虽然问题较多，但柯木湾村不缺水、不缺土地、不缺路，发展基础较好，可以通过发展壮大集体经济来创造就业岗位，带动贫困户脱贫致富。

中山大学在李晓超调研结论的基础上，多次组织生命科学学院、药学院、地理科学与规划学院等院系专家到村进行深度调研与规划，同时积极挖掘校友资源，咨询寻找产业项目，最终确定了宽体金线蛭养殖和夏东自然村生态旅游两个项目。

结合柯木湾村交通便利、运输成本低、水源清洁充足的特点，在校友企业荆州市民康生物科技有限公司的技术支持下，学校在柯木湾村开展 15 亩水蛭养殖试点项目，组织贫困户成立专业合作社，通过村集体带动贫困户增收。水蛭养殖是新生事物，从工作队到村民，没人有相关经验，这就需要具体工作人员投入大量的时间精力，随时观察水蛭生长情况，随时处理问题，同时还要承担难以预测的风险。经过反复论证、思考，李晓超给自己制定了工作方针：敢闯敢干，精益求精。他积极向校友企业派出的技术员请教，学习水蛭养殖基本知识，向学校随时反馈养殖进展和问题。同时与村支部沟通协商，组成一线工作小组，让村委会的党员干部担任项目负责人，选派贫困户中的党员代表担任养殖员，高效解决实际问题，带动村党员在攻坚克难中发挥先锋模范作用。水蛭养殖的饲料来源是水螺，按照最初计划，水螺由校友企业大批量从湖北运送，成本低。但很快发现，因长途运输问题，水螺死亡率高，且储存后再投喂，养殖员工作量加大。如果改从本地采购，因本地水螺以食用为主，成本比较高，很难盈利。这个问题不解决，项目面临失败的风险。李晓超和村委会干部四处奔走，在连州周边地区寻求供货源。经过努力，最终找到了稳定的供货渠道，少量多次进货，直接投喂，解了燃眉之急。

夏东自然村环境优美，是政府重点建设的美丽乡村特色村，适宜依托生态资源发展生态旅游，带动村民创收致富。2016年11月学校组织规划专家到夏东村里开展旅游规划设计工作，李晓超积极配合村委和镇政府，推进夏东村的道路扩宽工程、停车场、民宿、4G网络覆盖等基础设施建设。目前夏东村正在逐步发展生态旅游，已经开设多家农家乐，为村民提供了在家门口就业的机会。生态旅游为村民提高收入、村子经济发展发挥了积极的作用，为脱贫攻坚工作创造了更丰富的可能性。

李晓超投放水蛭苗
（来源：校工会）

妙手回春为群众

科技支持、经费投入是脱贫致富的要素，文化、医疗、情感的支撑同样对村民脱贫、发展的理念和思路产生巨大的影响和积极的作用。

柯木湾村所在地区医疗水平不高，群众看病难问题突出，精神文化生活比较匮乏。李晓超汇总这些情况向学校反映，学校高度重视，先后组织多家附属医院专家教授到村开展义诊活动，送医送药下乡，宣传医疗健康知识。2016年和2017年连续两年暑假，学校团委组织师生到村开展文化、科技、卫生"三下乡"等社会实践服务，为村民提供义诊、家电维修服务，开展文艺演出，并辐射到周边村镇。

在安排贫困户与学校二级单位结对帮扶工作中，李晓超将贫困户特点与二级单位优势结合起来。如把患重病贫困户同附属医院结对，把有危房改造需求的特困户同有相关资源的二级单位结对。2016 年 9 月，各二级单位负责人约 120 人次到结对帮扶贫困户家中认门对接，建立帮扶联系，切实帮助贫困户解决生产生活中的实际困难和问题。

大国小家终得圆

虽然扶贫工作任务重，生活工作条件艰苦，但李晓超从没觉得苦和累。2016 年下半年他的父亲骨髓瘤突然复发，需要每月定期接受化疗。组织的信任和家庭责任无法兼顾，这让李晓超感受到了前所未有的压力。一面是恩情深重、急需照顾的父亲，一面是殷切盼望、淳朴善良的村民，李晓超最终选择了继续留在柯木湾村开展扶贫工作。这不仅是压力下的自我磨砺、自我提升，也是不辜负组织重托和家人期待的最好方式。

李晓超在柯木湾村的刻苦工作也获得了组织与村民的一致好评，2017 年 1 月，柯木湾村扶贫工作通过省扶贫办年度考核验收，56 户贫困户顺利脱贫，李晓超所在工作队获评 2016 年 "清远市精准扶贫精准脱贫驻村工作队先进典型"。

李晓超在扶贫工作中扎实解决了群众生活中的 "痛点" "难点"，帮助群众找到适合的致富途径，从各个方面提升了群众生活质量，为新阶段脱贫攻坚工作开启了良好的局面。

采访手记

当夕阳的最后一缕余晖洒落康乐园，我如约来到古朴的小红楼外。只见下班时分，小红楼仍灯火通明，热水壶吱吱作响，会议室传来激烈的讨论声。等了许久，一位挺拔魁梧的老师走进办公室，带着歉意地冲我笑笑，说道："可以开始今天的采访了。"

看着手中的提纲，我竟不知从何问起，似乎这样的故事他已讲过许多次，但面对我的无知和疑惑，李晓超老师仍颇具耐心地细细讲解。我虽然身在康乐园，但在李老师细致真切的讲述中，心已被带去那个遥远的村落，带去那段为脱贫攻坚奋力拼搏的岁月。回到宿舍，我收起思绪，汇总资料，提笔写下这篇文章。

"要立志做大事，不要立志做大官。"近百年前孙中山先生的演讲仍振聋发聩，这声音绵长且深厚，回荡在每个中大人的脑海中。一届届驻村干部从繁华的羊城走出，远赴偏僻的乡村，帮助当地的百姓，这种扎根基层、服务人民的朴素精神，代代相传，融入了新时代的中大精神！

非常感谢有如此珍贵的机会采访驻村干部，希望通过这篇稿件以示敬佩之意！感谢校工会的积极联络与无私帮助，感谢李晓超老师百忙中拨冗接受采访，也感谢数学学院和党委宣传部的丰富资料。祝中大定点帮扶项目越办越好！

（作者：何宜航，2018级历史学系本科生）

古添雄：心系山村，情牵柯木湾

古添雄

（来源：校工会）

人物简介：古添雄，现任党委保卫部、保卫处综合治理督察办公室副部长、副处长，2017年10月至2019年7月任中山大学驻广东省连州市丰阳镇柯木湾村第一书记、扶贫工作队队长。在近两年的扶贫中，坚持"党建带村建促扶贫"理念，构建"公司＋合作社＋农户"产业模式，产生"四业"脱贫法，打造"三宜"新农村。2019年2月，中山大学驻连州柯木湾扶贫工作队被评为"广东省2016—2018年脱贫攻坚突出贡献单位"。2018年10月，典型案例《党建引领促扶贫，打造"三宜"新农村》在《人民论坛》杂志刊登；2019年5月，撰写论文《构建"三建"合一的脱贫攻坚模式——以中山大学精准扶贫精准脱贫为例》在《时代报告》杂志刊登；2019年10月，撰写论文《构建志智双扶的脱贫攻坚模式——以中山大学定点扶贫为例》参加全国扶贫宣传教育中心2019年度"习近平总书记关于扶贫工作的重要论述"主题征文比赛，被评为获奖论文。

2019 年 7 月 26 日，中山大学驻村第一书记古添雄结束了近两年的驻村脱贫攻坚工作。目睹扶贫前后的变化，他在离开连州丰阳柯木湾时，感慨万千、热泪盈眶，即兴赋诗一首，难舍扶贫情缘、留恋山水田园人家。

七绝·连州赞

连州观景画中移，

古镇丰阳美味驰。

畔水传说深底蕴，

夏东生态故事奇。

"没有硝烟的战场"上的勇士

在粤北山区，有这样一个村庄。那里风景秀丽，拥有悠久的历史，但发展落后，当时许多村民的生活入不敷出。这个村便是中山大学扶贫干部古添雄于 2017 年 10 月至 2019 年 7 月所驻的广东省连州市丰阳镇柯木湾村。

"山水田园人家缺乏规划，没有支柱产业，不成体系，没有品牌，发展无序"，这是古添雄刚到柯木湾的第一印象，而"两组数据一群人"，即 2016 年建档立卡 75 户，159 人，户贫困率 15.65%，人口贫困率 7.39%。为数不多的村集体收入和一群身患疾病、高龄单身人员，让古添雄非常揪心。

经过近两年的努力，柯木湾村率先实现"两不愁三保障"，落实"八有"政策，建档立卡 75 户贫困户 158 人全部脱贫出列，9 个自然村基本都建有文化室、篮球场、小广场（公园），人居环境发生了较大的变化。

在脱贫攻坚中，古添雄践行"党建带村建促扶贫"的理念，建成党员学习中心泽芳楼，设立移动党校，落实"三会一课"并亲自讲授党课，扶贫扶志，激发脱贫内生动力。当提到古书记时，党员们都纷纷表示他生动的党课令人印象深刻。现任村委书记黄卫军也感叹道："古书记是一个讲党性、很有原则、能干成事的人。"

党建引领，点亮脱贫之灯

从外部条件来看，柯木湾村的情况并不算恶劣，然而在这样的条件下为何产生了如此多贫困户？古添雄注意到，在扶贫的过程中，个别村干部全局观念不强，未树立"一盘棋"思想，扶持资金、项目总想往自己小村投；部分村民思想守旧，脱贫内生动力不足，"等靠要"思想仍然存在。

面对这些问题，古添雄提出了一系列措施：一是加强党建工作，发挥思想引领，设立"党员示范岗"，发挥党支部战斗堡垒和党员先锋模范作用，形成上下联动"一盘棋"思想。二是组织党员和贫困户代表外出参观学习，增强志气、激励其树立自强自立思想。三是提供就业、创业的支持帮助。组织参加"三高农业"技能培训，就业招聘，请专家进行种植业务帮助。扶贫扶智，提升脱贫技能。

作为一名退伍军人，古添雄深知扶贫扶志的重要性，在柯木湾村扶贫的过程中，他对党建工作十分重视。一方面，他积极与学校沟通，在学校的支持下修建了党员学习中心泽芳楼，让党建有了"根据地"；引进了政治与公共事务管理学院新打造的"移动党校"，方便党员学习党务知识；利用3D红色教育基地展现功能，让难以到达实地的党员身临其境感受红色基地氛围，收获良好的教育效果。另一方面，他也以身作则，给党员们上党课。时任丰阳镇扶贫办主任的邓记雪回忆道："古书记非常有军人的气魄，而且他的党课讲得非常生动，是能让人全神贯注去听的党课。"村委黎土旺对此也印象深刻："古书记讲党课不是那种念稿子的讲法，而是结合脱贫攻坚实际，非常接地气，讲得很好。"

左图：古添雄（左一）参加泽芳楼挂牌仪式　右图：古添雄向村民宣讲十九大精神

（来源：校工会）

"扶贫先扶志"，有了思想这盏"明灯"的指引，党员村民们才更有奋斗的动力与方向，才能培育出脱贫的内生动力，实现长久发展，防止帮扶结束后返贫现象的出现。

村建为根，夯实脱贫之基

有了思想的引领，接下来便是脚踏实地的实干。古添雄充分认识到：决战决胜脱贫攻坚，最重要的是实干和苦干，这是脱贫的根基所在。

在学校和政府的资金支持下，柯木湾村的基础设施与生产设施建设有条不紊地开展。道路、饮水、亮化、美化、引排水渠、防洪堤、机耕路等工程极大改善了柯木湾村的人居环境与生产环境，既提升了村民们的物质生活水平，也增强了村民们精神文化建设的信心。黎土旺说道："村里的路本来都是泥路，中山大学来了之后，环境才变得这么漂亮，还修了文化室、广场，变化很大。"在黎屋冲村内还有一个碉楼，古添雄来了之后也牵头对碉楼进行了维护，将之打造为村内一道亮丽的文化风景线。

左图：黎屋冲的文化室　右图：文化室内明亮宽敞的空间
（来源：校工会）

前期的村环境和基础设施建设主要是学校、政府与扶贫工作队在拉动，但要培育村民长期发展的动力，关键还要解决他们的从业问题，使他们有相对稳定的收入来源，从根本上解决贫困问题。在统筹思考时，古添雄已有了一个基本规划：结合当地资源特色优势，打造特色脱贫模式：以党建、村建、户建三个抓手，打造就业、创业、产业、旅业"四业"脱贫法，发挥夏东生态特色优势，以点带面打造宜居、宜业、宜游"三宜"新农村。

在就业脱贫上，可为个别不便于外出务工的贫困户提供公益性岗位，例如卫生保洁员岗位，实现在家门口就业。有一位村民吴燕萍，因为心脏出了问题，动了大手术，不能从事繁重体力劳动，古添雄便和工作队副队长曾毅斌商量，让她到扶贫工作队来做助理，帮忙整理资料，每个月能获得2000元的收入，同时也能照顾家里的老人孩子，实现在家门口就业脱贫。

在创业脱贫上，可积极为有想法但缺乏启动资金和创业技术的贫困户提供帮助。沙铺村党员吴立明计划在家养殖鸽子，需启动资金支持。他本人提出申请支持，扶贫工作队也尽可能地为他提供了帮助。

在产业脱贫上，中山大学依托校友资源，利用地域优势，筹集资金122万元，分期分次开展特色农业养殖种植，促进精准脱贫。在驻村干部的接续努力下，柯木湾村建立起了红薯种植基地，并配套建立了红薯粉生产厂，既为村民提供了就业岗位，也能获得盈利；同时村里还有了电商中心，可以将特色农产品销往更多的地方。

在旅业脱贫上，打造夏东民宿旅游业。夏东村中有多条缓缓流淌的涓流环绕着整个村庄，小桥流水人家的风景充满诗情画意。早晨起来，可以眺望远处晨雾缭绕的云冰山，到了夜晚，也可以坐在溪边仰望星空。古添雄认为，这正是发展旅游业脱贫的好地方。在学校资金、技术与管理的支持下，夏东生态村开始着手打造以旅游民宿为主导，具有"春赏花、夏戏水、秋美食、冬沐阳"特点的田园小镇。到2020年，夏东民宿已经正式开始营业，在旅游旺季时甚至一房难求。夏东民宿的开张，还带动了外出务工人员的回流，民宿的前台珍姐曾在几十年前离开家乡前往佛山打工，从事酒店行业，当夏东民宿建成之后，她又回到了自己的故土工作。

建成的夏东民宿
（来源：校工会）

户建为本，精准脱贫之计

　　贫困户们有整体的贫困原因，但落实到每一户，又有不同的情况。例如因病丧失劳动能力的胡利军、突遇疾病而失学在家的吴利霞、遭遇意外严重受伤的吴伟军等等。针对每户的不同情况，古添雄通过调查走访，分别为他们提供了可行的解决措施。

左图：古添雄（左二）到村民家中走访　右图：古添雄（右一）到村民家中走访
（来源：校工会）

对于没有劳动能力的胡利军，古添雄通过易地搬迁使他脱贫，让他居住到大村来，并满足他的基本生活需求。尽管胡利军的身体经受磨难，他却十分乐观，古添雄时常与他聊天。当古添雄离开之后，他逢年过节还会发短信问候。

面对失学的吴利霞，古添雄找来了学校的同学给她讲课，在古添雄等人的关心和同学们的帮助下，吴利霞考上了清远的一所学校，身体也有所好转。

还有意外受伤的吴伟军，他是古添雄印象十分深刻的一个贫困户。吴伟军是一名退伍军人，回到家乡后，吴伟军本是家中的顶梁柱，支撑着一家七口的生计，但修窑时的一场意外夺去了他的行动能力。这场意外对这个七口之家可谓是毁灭性的打击，这个家庭一下陷入了贫困之地。古添雄得知情况后，一方面从精神上不断鼓励他振作起来，另一方面也为他想出了可以获得收入的办法——鸡鸭鹅养殖。马头嵊本身地处山地，有天然的放养条件，吴伟军每天在妻子的帮助下上山养殖，傍晚再回家。两三年过去，吴伟军的鸡鸭鹅已经逐渐长成并售卖。如今，吴伟军的病情好转，三个孩子上了小学后读书负担减轻了，他也在计划进行新的产业项目。提及古添雄等扶贫干部曾经的帮助，吴伟军表示十分感激。

吴伟军在帮扶下养殖的鸡鸭鹅
（来源：校工会）

感慨扶贫路，攻坚道寸心

习近平总书记指出："脚下沾有多少泥土，心中就沉淀多少真情。"在脱贫攻坚这场持久战中，情怀，是扶贫者的精神火炬，也是联结他们与贫困者心灵的纽带。回想起在柯木湾的扶贫工作，古添雄总结道："要做好扶贫工作，首先是要有情怀。"古添雄在山村出生、成长，是农民的儿子、大山的儿子。他对"三农"（农民、农业、农村）有独特的情愫，觉得扶贫是感恩、回报和服务社会的重要方式。而作为一名退役军人与共产党员，他心中充满家国情怀，肩上担负初心使命。25 年前，他参军入伍，保家卫国，在有硝烟的战场上绽放青春芳华；25 年后，他全心全意，脱贫攻坚，在没有硝烟的战场践行初心使命。

古添雄对扶贫工作尽心尽力，无私奉献。刚到贫困的山村，面对诸多困难，古添雄感到压力不小，但他没有抱怨与退缩。各个自然村之间有一定的距离，古添雄便开着自己的车来回奔波。村民们白天要干农活，很多时候走访只能安排在晚上。回忆起中大扶贫干部的驻村工作，时任丰阳镇扶贫办主任邓记雪感叹道："他们很多时候都是利用自己的私人时间、私人车辆等个人资源在无私地服务村民，不求回报，真的很佩服他们。"这种情怀也感染了村民。古添雄书记的真情实意，他们看在眼里，感动在心里。在柯木湾的这两年，古添雄不再仅仅是一个从高校来的扶贫干部，而是深入村民内心、和村民融为一体的建设者。

采访手记

当我来到柯木湾村时，如今的柯木湾村展现的是一幅社会主义新农村的美好画卷：山水田园、平坦的道路、明亮的文化室、和谐的人居环境。中大的扶贫干部做到了"真正沉下去，扑下身子到村里干"。尽管古添雄已经离开柯木湾村快两年了，村委、村民们仍记得他的朗朗正气，感念他的点滴帮助。脱贫攻坚的战役打完了，而在乡村振兴的路上，我们还有更长的路要走。未来，中大学子也将以他为榜样，勇于担当，投身到祖国需要的地方！

（作者：陈芳蕾，2020 级历史学系本科生）

李锐：从大学到农村的最美第一书记

李锐（左一）
（来源：校工会）

人物简介：李锐，现任中山大学理学院直属党支部书记，2019年5月至2021年7月担任中山大学驻广东省连州市丰阳镇柯木湾村扶贫工作队队长兼驻村第一书记。李锐驻村以后，深入田间地头，提出并发展"大村一业，小村一品"的产业帮扶模式，成功打造了能够根植本地的六大乡村产业，他的事迹入选广东省扶贫济困日十周年十个好故事。李锐于2021年6月被评为"广东省2019—2020年脱贫攻坚突出贡献个人""广东省教育系统优秀共产党员""连州市优秀共产党员"，2021年9月获得广东省2021年第二季度"广东好人"称号。

广东省连州市丰阳镇柯木湾村地处粤湘交接的粤北山区，下辖10个自然村，550多户2100多人。以前村子基础设施差、村庄环境破旧、贫困发生率高，是一个不折不扣的省定贫困村。可是现在这里却焕然一新，发生了翻天覆地的变化。以前坑洼不平的黄土路被平整硬化的水泥路替代；村民们种木耳种草药，养鱼养蛙，钱包越来越鼓，日子越过越红火；村子办民宿，开工厂，兴产业，村集体年收入翻了 60 倍突破 30 万元。这些改变，柯木湾村全体村民看在眼里，喜在心头，他们更忘不了一位叫李锐的人。

李锐上山查看村民饮用水源情况
（来源：校工会）

精准帮扶，扶贫扶志扶人心

午后炙热的骄阳灼烤着大地，李锐趁着午休，沿着小道爬上了陡峭的泥土山，他放心不下贫困户吴伟军一家。"老吴，你家的鸡养的怎么样了？"李锐拍了拍脚上的泥土说道。贫困户吴伟军推着轮椅，正在自家山地果园里忙活，他养殖的山地鸡，目前规模已经达到 500 只。

吴伟军 2018 年外出打工时，在工地上被一块大理石砸到了腰椎，意外致残无法站立。家中上有两位老人，下有三位小孩要上学，仅其妻一人有劳动能力。李锐得知他的情况后，不管刮风还是下雨，几乎每周都要去他家看一看，聊一聊。而当他了解到吴伟军家有丰富的养鸡经验时，便鼓励吴伟军从散户做起，支持其在自家山地果园发展山地鸡养殖小产业。

李锐学数学出身，对数字很敏感，他很快在脑子里算了一笔账：假如一年能养好 500 只山地鸡，扣除成本，吴伟军家可以增加 3 万元左右的收入。李锐鼓励吴伟军迈出自力更生的第一步，在搭建鸡舍、购置种鸡、准备饲料等方面实施了实实在在的帮扶措施，吴伟军的山地鸡养殖小产业也就风生水起地做了起来。年末之时，李锐接到吴伟军打来的电话，电话一接通便传来了爽朗的笑声："小李书记，我的鸡全卖完了，今年的日子可以过得红红火火了！"李锐由衷地为他感到开心，之后他和同事们商议要继续加大帮扶，争取帮助吴伟军家扩大养殖规模到 1000 只鸡，形成良性循环，这样就能彻底解决他家的大困难。

李锐了解吴伟军养山地鸡情况
（来源：校工会）

吴伟军脱贫故事只是李锐扶贫工作中的一段剪影，也是日常工作的一个小小写照。从 2019 年 5 月到村之后，李锐心里最牵挂的便是全村 72 户贫困户，他每天都要到贫困户中聊家常，谈帮扶，熟悉每家每户的情况：几口人、种几亩地、在哪里打工、孩子上几年级、身体状态如何等等。慢慢地，他对每一户的情况几乎如数家珍。时任丰阳镇人民政府扶贫办主任邓云雪也被李锐这份认真与真诚所打动："李书记经常晚上去入户走访，一方面白天怕打扰农户务农，另外也避开饭点，避免村民留他吃饭。"

"解决贫困户的实际问题是没有标准答案的，但是一定要破除贫困户'等靠要'的思想，贫困其实不可怕，可怕的是安于现状，失去改变的动力。"在帮扶过程中，李锐意识到，做好贫困户的"育人"工作，是让每一位贫困户都能够靠自己的努力去脱贫，扶贫小产业，脱贫大舞台，扶贫必扶志，而不是"等靠要"，这样的脱贫才有质量。

但是，扶志要怎么做？李锐说，与在大学校园里教书育人不同，对贫困户我们工作要更接地气，要更有耐心，要摆出现实问题让他们产生危机感，这样他们才会真正被触动。"而这个过程需要我们去推他们一把，一次不行，我们就要反复去推，让贫困户真正感觉到我们党的好政策。"为了让贫困户靠自己的双手去改变现状，增加家庭经济收入，李锐一次次地上门深入沟通，用实实在在的措施帮助他们，推动他们渡过难关。

李锐了解贫困户生产脱贫情况
（来源：校工会）

经过李锐和其他驻村干部的精准帮扶，目前中山大学定点帮扶的柯木湾村全村 72 户 156 名贫困户人均年收入比帮扶前增长超过 6 倍，达到 21500 多元，全部高质量脱贫出列。

因地制宜，乡村产业齐振兴

连州市柯木湾村下辖的 10 个自然村较为分散，在定点帮扶之前，柯木湾村几乎没有产业发展，村集体经济收入每年只有 5000 元左右。

"要真正打赢脱贫攻坚战，仅仅贫困户脱贫还不行，村集体经济必须要壮大，产业发展必不可少。"没有产业的发展，脱贫很难脱真贫，所以在驻村以后，如何在当地发展可持续的扶贫产业，就是李锐思考得最多的问题。经过深入调研，在中山大学的支持下，李锐和其他驻村干部一起，实实在在地在山区做起接地气的产业扶贫"学问","大村一业,小村一品"的产业发展模型开始在柯木湾落地生根,开启蜕变之路。

李锐查看中药材加工情况
(来源:校工会)

从去年 5 月开始,中山大学开始布局生态农业"稻蛙鱼"种养系统,将其作为"大村一业"在柯木湾村落地,同时建立起"产学研"一体化的有机生态农业基地。李锐介绍道:"这是具有我们中山大学学科特色的'产学研'基地,也是我们柯木湾村的大产业,这个大产业一方面持续增加我们村集体的收入,另一方面也为我们学校提供科学研究的实验平台,把大学的实验做到田间里。"为了让这个产业项目茁壮成长,李锐几乎每天都要去农田基地上看一看,走一走。看看有机稻什么时候抽穗、禾花鱼什么时候下苗、种植大棚如何搭建,这片农业基地布满了李锐留下的脚印。

单有"大村一业"还不够,虽然村集体收入增加了,但是如何真正实现家门口就业,带动分散自然村的贫困户真正从脱贫走向致富,还得下苦功夫。"其实只要深挖资源,每个自然村还是有潜力发展自己的小产业的",发展"小村一品"的想法在李锐的头脑中逐渐形成了。

柯木湾村盛产各种各样林木。2020 年年初,国道两边白杨树因为枯萎,被当地公路局砍伐下来堆在路边。精打细算的李锐看到了商机,他带领村集体合作社低价采购了这些枯木,将他们分成两列,整齐地排在山脚下的林荫小道旁,建成了木耳种植基地。

原生态木耳种植基地
（来源：校工会）

　　木耳基地模拟原生态的种养模式，将购置的人工菌种注入木桩后，除了浇水保持环境湿润，就不再进行其他的人工干预，因此种植的每一朵木耳吸收的都是白杨木自身的营养，绿色有机且纯天然。木耳丰产期时，每隔一周就可以采摘。从3月投产到10月底，木耳基地共产出湿木耳5吨左右，为了提高产品附加值，李锐还让大家将湿木耳风干加工处理成干木耳再出售。根据市场价，半斤装的原生态干木耳可卖到45元，每吨干木耳利润可达6万余元，这给柯木湾带来了一笔丰厚的收入。在木耳采摘时，李锐还建议优先考虑村里的贫困户和残障人士，鼓励他们自力更生。当地贫困户聋哑人吴细妹就是其中的一员，采摘期间每天100元的工资，让她拥有了一份相对稳定的工作，也有了生活的保障。提起李锐，吴细妹连连竖起大拇指，从心底感谢李锐用心的帮扶。

　　柯木湾村下辖的夏东村地理条件得天独厚，冬暖夏凉，环境优美，是连州市两个生态村之一，而且临近连州地下河景区。在中山大学专家团队做好旅游规划框架后，李锐积极争取学校的资金支持，配合村里的项目资金，在夏东村大力推进乡村旅游民宿项目。在旅游民宿的建设过程中，大到民宿配套如何规划，小到民宿墙砖如何挑选，李锐都花了很多心思和精力。如今，一排排红墙绿瓦的民宿拔地而起，在青翠的竹林中格外夺目。"夏东民宿开业以来，每天都吸引了周边游客过来住宿消费，周末甚至能达到 500 多人，除去运营成本，每年最少可以增加村集体 5 万元的纯收入，"李锐说。

除此之外，李锐还结合夏东村的地理条件、四季气候和旅游体验，在这片土地上分梯度分类种植佛手、田七、玉竹和金丝皇菊等上百种中草药材，建成了一个科普性的教育实践基地"百草园"。夏东民宿和百草园相得益彰，使这里的旅游资源能够被充分利用起来，吸引到更多的游客以及研学团队前来参观，从而带动柯木湾产业的发展以及脱贫致富的良性循环，合力打造宜居宜游的生态村样本和乡村旅游产业的新亮点。

李锐（左二）现场指导夏东民宿建设
（来源：校工会）

精心规划，筑牢根基助发展

10 月的夜晚，柯木湾村秋风送爽，月朗星稀。以往太阳落山后，小山村总是黑漆漆的一片，村民们夜晚出行多有不便。但现在不同了，村里新装的近 300 盏太阳能感应式路灯，随着夜幕降临而点亮，将整个村庄的角角落落都照亮了。村民们围着路灯前后打转，既好奇又高兴，村道边上的一户村民干脆把自家农机扛到路灯下修理。"这路灯还是太阳能的，比俺之前在大城市打工时那边的路灯还高级，"村民兴奋地说道。

这份粤北小山村的"光明"来之不易，背后离不开李锐的辛苦付出。提升村庄照明是个大工程，安装前李锐连续数晚与队友刘嘉一起到各自然村实地考察，走遍了村里的每一条巷道和每一处角落。同时李锐又联系了众多灯具厂商，货比三家，寻找性价比高的供货商。最后，终于确定在村里建设这种安装简便、价格实惠、无须接拉电源的臂式太阳能感应 LED 巷灯。

李锐（左二）在村里研究规划项目建设
（来源：校工会）

李锐看着路灯下嬉戏玩耍的稚童，心头不禁泛起一阵思亲之情，想起了几百公里外家里还在咿呀学语的孩子。"很想念她们，但是这里更需要我。"李锐的眼神坚定而有力，他决心要带领大家打赢这场无硝烟的脱贫攻坚战。

2020 年的春节，柯木湾村异常寒冷，阴雨连绵，空气中弥漫着疫情笼罩下的沉重和压抑。由于长期冒雨工作，李锐双手起了多处冻疮，但他仍忍痛坚持工作，对过往跨省车辆和入村人员进行严格管理登记，成为全村疫情防控的守门人，"这是关键时刻，再苦再难我们都要保证村庄的安全。"同时李锐不忘抗疫最艰难的湖北人民，他拿出村里最好的春糖橘和糯红薯派人驰骋湖北恩施，为疫区群众送去一份关怀与温暖。只有防疫脱贫两手抓，才能保住来之不易的脱贫成果。李锐和全村党员一起，用身体为人民群众筑牢了疫情防控和脱贫攻坚的铜墙铁壁。

李锐（左一）为湖北人民准备抗疫爱心物资
（来源：校工会）

党建助力，消费扶贫促脱贫

"检查一下包装是否有损坏，没有的话，我们就准备发车了。"李锐看着大货车载着满满的柯木湾村扶贫农产品，脸上露出了笑容。这部货车是 2021 年春节发出的第五部货车，把柯木湾村消费扶贫农产品源源不断运往 300 多公里外的中山大学。李锐驻村后，如何充分利用柯木湾村的自然资源，如何发展本村特色的农副产品，如何去推动消费扶贫，助力脱贫攻坚，是摆在李锐面前的一项重要"课题"。

"首先我们要有致富带头人，特别是我们的党员，要打造'头雁'效应，基层党建不能只是一个口号，还需要有一个平台去体现我们党员的先锋作用，那就是带头搞发展，带领我们的贫困户脱贫致富。一方水土养一方人，我们以打造有本村特色的农副产品为出发点，真抓实干，为推动消费扶贫打好基础。"李锐在规划消费扶贫之初，便牢牢把党建促扶贫融合其中，抓住村中为数不多的年轻党员，积极做他们的思想工作，鼓励他们站出来主动作为。

通过自筹资金，李锐把柯木湾村小学荒置的办公室改造成为线上电商工作室和线下农副产品展销厅，从去年开始对外开放。为了发挥党建促扶贫的作用，打造有中山大学特色的党建助扶贫模式，李锐积极打造柯木湾村的党建文化阵地和脱贫攻坚样板工程，向学校各二级党组织规划在连州柯木湾村的党组织生活路线。在过去一年多时间里，中山大学机关党委、产业集团党委、传播与设计学院党委、法学院党委等多个中山大学二级党组织到柯木湾村开展脱贫攻坚教育，传承红色基因，同时积极开展消费扶贫，柯木湾村扶贫农副产品展销厅成为中山大学各二级党组织助力消费扶贫的重要阵地。

左图：柯木湾村消费扶贫农副产品装运发车，运往中山大学　　　　右图：柯木湾村农副产品展销厅

（来源：校工会）

短短一年内，中山大学各二级党组织、附属医院和校友企业合计购买了柯木湾村生态农家米 100 多吨、优质红薯 30 吨、连州菜心 10 吨、香菇木耳 5 吨以及玉竹百合等，消费扶贫金额超过 400 万元，以党建促扶贫，以扶贫助党建，成为中山大学帮扶柯木湾村的一大亮点。消费扶贫一方面解决了贫困户的农产品销售和就业问题，另一方面为党建促扶贫提供了实实在在的平台。柯木湾村党总支也成功创建清远市农村基层党建示范基地。

自 2016 年定点帮扶柯木湾村以来，中山大学投入资金 1300 多万元，目前村道硬化了，村居美化了，村巷亮化了，村俗更有文化了，村民的幸福感和获得感大大提升，"笃行路""至善桥""格致轩""泽芳楼""明德广场"，一处处有中山大学文化印记的帮扶项目见证了这座粤北小山村巨大可喜的变化。中草药加工厂、夏东生态旅游民宿、香菇木耳基地、百草园科普教育基地、稻蛙鱼农业基地、红薯粉扶贫车间，李锐推动布局的"大村一业，小村一品"六大帮扶产业蓬勃发展，生机昂扬。

如今，柯木湾村集体收入比帮扶前增长超过 60 倍，柯木湾村已正式退出省定相对贫困村序列，所有建档立卡贫困人口均已摘帽，退出率达100%，这些胜利的果实离不开最美第一书记李锐的辛勤付出。李锐所在的中山大学驻柯木湾村扶贫工作队于 2021 年荣获"广东省脱贫攻坚先进集体"称号。

（作者：刘小慧，2018 级新闻传播学院本科生）

赵一波：以诚意与真情投入扶贫

赵一波
（来源：校工会）

人物简介：赵一波，现任公共卫生学院（深圳）党委副书记，2013年6月至2014年9月期间，挂职广东省连州市保安镇种田村党总支副书记。2013年12月获评"清远市扶贫开发'双到'工作先进工作者"，2015年所帮扶的种田村顺利脱贫。

赵一波从小在农村长大，心系农民，为了践行党员的初心使命，他带着亲情、热情、真情，舍小家为大家，于2013年6月，舍下不到三岁的孩子，毅然踏上了前往广东省连州市保安镇种田村为期一年多的驻村扶贫之路，把汗水流淌在战贫一线。学生思想教育的工作背景有利于他接近群众，做好扶贫又扶志的工作，担起"引路人"的角色。他到扶贫一线去，既是出于情感的呼唤，亦是为了结合思考与实践。

扶贫先扶志，扶贫必扶智

初到种田村的时候，大部分的村民对来自中山大学的帮扶工作抱有很高的期待和好奇。虽然尚未清楚工作的具体内容，但有政府的重视、名校的支持，大家都对未来满怀憧憬。令赵一波印象最深刻的是村民们对建房子的迫切要求。"在路上碰到一些贫困户，他们会急切地问什么时候可以给他们建房子。"赵一波回忆起工作初的情景。对此他表示理解，因为房子是刚需，住房仍是当地许多村民生活的首要难题。"房子是最大的事情，有时候这不是村民们自己努力就能达成的事情。"但他深深认识到工作必须做到"扶贫先扶志，扶贫必扶智"。

扶志就是帮助村里的困难群众树立脱贫致富的信心，转变"等靠要"的观念。授人以鱼不如授人以渔。赵一波在学校的支持下，搞起了"包养包销石头猪"项目，通过学校送猪苗和包回购的形式来增加村民们的收益，提高村民们的劳动积极性，帮贫困户树立起脱贫致富的信心。"养猪不易亏本，我们鼓励村民们养殖的石头猪体积虽小但肉香，很受市场欢迎，价格高利润大。我们又发动中大的老师们自费回购这些猪肉，并且保证猪肉的新鲜度，今天在连州杀猪，明天猪肉就能运送到广州。老师们也十分积极地回购。而像附属医院这些单位则更是大规模收购给食堂用。基本上是村民们养了多少，我们就能收多少。"赵一波介绍道。村民们的收益得到保障，也就自然更有信心发展养殖业了。而在这项工作中，赵一波充当了十分关键且辛劳的角色。从杀猪到运送中间有许多流程，需要思考的东西也很多。例如，初期要评估项目，后期要协助运猪、杀猪、分配猪肉，还需要找车把肉运回广州。整个过程既需要赵一波运筹帷幄、整体把控全局，又需要他独自思考每个细节。赵一波感慨这全赖于自己有较好的群众基础。如果没有村干部、村民的支持，这项工作实在是"步步难"。他还记得，运送猪肉的那天晚上他彻夜未眠。但如此辛劳的付出终究是值得的，之前村民们不敢尝试经营这样的项目，而这个项目的成功刺激了他们的致富欲望，提高了他们的经济能力，树立了他们的脱贫信心。这对扶贫的整体工作起到了关键作用。

赵一波为村民赠送石头猪猪苗
（来源：校工会）

扶智就是重视乡村的教育，让种田村的孩子们接受良好教育，让他们学有所成，永远告别贫困。教育扶贫也担负着改造贫困文化、帮助贫困群众正确树立脱贫信心的重要使命。赵一波深入调查贫困家庭子女教育情况，协助学校帮扶责任单位精准帮扶贫困家庭，让在读学生安心就读，无后顾之忧。在学校的支持下，村里重新办起了"农家书屋"，让更多的村民增长知识，既满足了农村文化的需求，又有利于提高村民的综合素质。遇到一些贫困家庭不支持子女接受大学、中职教育，认为读书不但花钱，更耽误挣钱，要选择直接外出打工的时候，赵一波多次上门动员，疏导思想，做好扶智"引路人"，这其中有不少成功的例子。同时，在学校的支持下，他组织学校有关部门结合地方实际开展了特色种植养殖、农村电商等实用技能培训，不断帮助村民提高能力。

走实群众路线，夯实扶贫之基

由于从小在农村长大，赵一波熟悉村民们的思想和生活习惯，在日常与村民们的接触和相处中并没有大问题。赵一波提到习近平总书记在梁家河村插队过"四关"的经历。"习近平总书记回忆那段经历的话引起我的强烈共鸣。"在扶贫工作中，赵一波也跨过了思想关和生活关。

赵一波深知密切联系群众是中国共产党的优良作风之一。作为一名扶贫干部，要坚持一切为了群众，一切依靠群众，从群众中来，到群众中去的工作宗旨。而这需要扶贫工作者的真心实意。"要真诚地融入团队中，抱着真心帮助他们的心态。如果一副高高在上的姿态，这就难免与群众拉远了距离。"

赵一波特意把自己的客厅改为了"社情民意茶话室"，在住处安置了比较大的茶具，自己出钱买了各种各样的茶叶，这里慢慢变成了村民们茶余饭后的闲聚点，也自然成为社情民意的集中点。村民们经常吃完晚饭后在他家中一起看电视、喝茶、聊天，一待就是几个小时。赵一波认为和村民们聊天也是他的工作之一："一方面是为了保持和增进彼此的感情，另一方面这也是一种非常好的调研方式。"比如，在一次茶话聊天中，有村民告诉赵一波，种田村山上有一块很好的地，那里风景很好，让赵一波去"看看玩玩"。赵一波敏锐地发现这就是一个解决种田村"山地多、耕地少"问题的好机会。后来，通过资助村里搞水利工程，将那片荒地开垦为一片农田。又一次，村民们在闲聊时告诉赵一波当地很多人得肾结石，赵一波便怀疑饮水卫生有问题。后来，通过资助改造自来水过滤工程，村民们的健康状况得到了改善。

谈到生活关，当地的语言、饮食没有难住来自农村的赵一波，而且对如何融入种田村这个大集体，如何打开工作局面，他做了许多努力，积累了不少经验。久而久之，不仅贫困户、村中生活的村民，连外出生活的很多村民都与他交上了朋友，这对于后期开展扶贫工作，特别是对村的整体帮扶工作有很大的帮助。

为群众办实事，用真心换真情

赵一波在学校党委的指导和支持下，致力于改造贫困村的村容村貌，兴修公路，改善照明、水利等基础设施。其中，村路的修建是最重要的工作之一，也是他花费最多时间、精力和金钱的一项工作。有的村庄连小汽车都开不进去，只能开摩托车。所谓"路不通，财不通。"小兰田自然村是其中一个具有代表性的例子。小兰田自然村地势靠山，温度较低，昼夜温差大，有山泉水灌溉，能够种出质量很好的西瓜。小兰田自然村出产的西瓜不仅味道甜美，而且成熟期晚，占有市场优势。但这么好的产品却因为交通运输的问题而难以给村民们带来更多的财富。在修路以前，村民们的西瓜只能靠摩托三轮车来运输，导致部分西瓜在路上震烂，使得西瓜运输成本变高。农民们对这样的损失感到十分心痛却又无可奈何。赵一波到村后马上启动修路工程，全心全力地促进修路工程，促使小兰田自然村的公路不到一年便建好了。其实，在这期间，修路的进程并不是一帆风顺的。小兰田隔壁的自然村起初并不支持修建公路，村民们认为修路会影响他们的风水，甚至有村民出来阻挠工程进行。赵一波充分发挥自己善于做思想工作的优势，凭借自身的群众基础和过往担任辅导员时的学生思想工作经验，通过深入的沟通交流，最终成功说服了反对的村民。"当我离开的时候，小兰田村的村民们特别感谢中山大学，因为切实解决了他们急难愁盼的问题。"赵一波感慨地回忆道。除了修路之外，赵一波还推动了排水沟的建设工程。"村民们在这里洗衣服，都很开心。"回忆起自己所做的实事带给村民们的幸福时，赵一波脸上也不时地露出微笑。

村道路、农场开工仪式
（来源：校工会）

村路修建前后
（来源：校工会）

121

增加村集体收入也是赵一波需要完成的扶贫任务,于是他一方面向学校申请经费,资助村委会改造闲置用房,建成简易型民宿,集体经营种田村小民宿,不但能为外出的村民带来便利,也可一定程度增加村集体收入。另一方面申请经费为村集体建设小型现代化农场,为村集体留下固定资产,后期,村委会就可通过租赁农场的方式增加村集体收入。

赵一波深切而真诚的情怀让他成为贫困户的真心朋友。他认识种田村在村居住的所有村民,就像辅导员清楚每一个学生一样。因材施教与以人为本在他的思想中结合起来,他清楚自己面对着的是每一个活生生的、有灵魂有情感的个体。种田村的村民们感谢赵一波,常常怀念这位"老乡",逢年过节邀请他再来这片土地,同享这里一点一滴的变化和喜悦。"我就是去真心做事情,真心交朋友。"村民们常常把村中的变化拍成视频发给赵一波。望着屏幕中熟悉的、洋溢着幸福的笑容,赵一波自己也笑了。

回顾来时路,不忘当时心

"我时刻记住我的第一身份是共产党员。"一年多时间里,是共产党员的使命感和责任感,是种田村乡亲们的淳朴热情,是连州这方热土让赵一波成为一名种田人,让他找到了自己的第二故乡。"赵一波同志以实际行动诠释了基层党员干部对扶贫事业的使命和担当,他引领和激励当地广大干群继续奋战在脱贫攻坚第一线,坚决打赢脱贫攻坚战。"一名村干部这样评价他。

"我时刻准备着更好地为人民服务。"赵一波回顾自己扶贫工作的经历,一路上既有艰辛的困难,也有欣慰的收获。于自己而言,他认为扶贫是对自身综合能力的很大提升,有利于他更好地服务社会。从大学中走到乡村里,需要更加全面和更加实践化的知识。例如工程预算需要靠自己学习,修建水沟需要了解建筑学方面的知识,而农作物项目需要学习生物学、气候学方面的知识。他坦言,扶贫让他的知识面更宽了,思维创新力更强了,最重要的是让他自觉地学习先进的理论知识,用科学文化知识武装自己的头脑,增强了党性修养,时刻准备着更好地为人民服务。

"我也始终不忘共产党人的初心使命。"在扶贫工作中,赵一波经历过几次威胁生命安全的危险,至今仍令他心悸。他回忆道,有一次从村里坐车回来，在一个山洞隧道中前面七八辆车相撞，幸好他的车在距离事故现场不到十米的地方刹住了。"当时广州到种田村的路没有现在这么好，路上有很多隧道，遇到下雨天，交通事故频发。"除了交通事故外，还有毒蛇、野狗等危险。即便遇到过很多困难，忍受过很多辛劳和痛苦，他依然对自己当初的选择无怨无悔。支撑他的是对中国共产党人初心的坚守，是对"共同富裕"这一理念的热忱。"共同富裕"是中国共产党对人民的承诺。扶贫干部们都是带着责任和诚意到农村中去的，是真心实意为人民谋幸福的！

"扶贫让我对中华民族伟大复兴的中国梦更有信心。扶贫工作让我更全面地了解了民情、民心。中国共产党坚持'以人民为中心'的发展思想，坚定不移走共同富裕道路，带领全国人民在解决困扰中华民族几千年的绝对贫困问题上取得了伟大历史性成就，创造了人类减贫史上的奇迹，让广大人民群众的获得感、幸福感、安全感更加充实、更有保障、更可持续，让每一位参与扶贫的干部都更加充满信心。"赵一波如是说道。

采访手记

从办公室出来，天已经黑了。赵一波老师的回忆对于我而言，不仅是一种打动，还是一种震撼。我似乎也明白了此次采访的意义：扶贫不仅是一项工作、任务，它还是一种崇高的理想，一份真诚的大爱。这份采访稿也不是一页纯记录性的流水账，而是寄托了一种精神和人的感情。赵老师言谈中的感性之光，是难以透过纸上的文字表达出来的。我能够明显地感受到他在采访过程中回忆时的动情、对种田村村民的思念。这是一种无法遮掩的真情，也是一种无须多言的幸福。我不由想起鲁迅所言的"中国的脊梁"，回过头去，那可敬的人的办公室的灯依然照亮着四周。

（作者：吴泽瑜，2018 级中国语言文学系本科生）

杨华岳：脚下沾泥土，心中留真情

杨华岳

（来源：校工会）

人物简介：杨华岳，中共党员，现任中山大学团委专职团干。2014年6月至2016年2月派驻广东省连州市保安镇种田村，担任种田村党总支副书记。在任期间，杨华岳积极协调中山大学帮扶资源，加强种田村制度建设、完善基础设施、改变村容村貌，加强文化、卫生和科技帮扶工作，积极推进主导产业发展，提高村民收入。全村87户贫困户全部脱贫，中山大学在广东省扶贫工作考核中被评为"优秀"。

脚踏基层泥土，心系乡村群众

2014 年 6 月，经过学校的选派，杨华岳来到了广东省连州市保安镇种田村，担任驻村干部兼种田村党总支副书记。

城市与乡村，两个迥然不同的工作环境是杨华岳首先面临的问题。如何有效开展扶贫工作，贫困户和村民的需求是什么，是杨华岳初来乍到时需要考虑的问题。起初，村民们抱着一种期待和怀疑的态度。期待，是因为村民们也希望能够尽快摆脱贫困的现状，但苦于束手无策；怀疑，是因为村民们认为学校的老师不懂得农业知识，也不确定扶贫单位、扶贫干部是否真心实意地向他们提供帮助。为此，杨华岳坚持一户一户走访贫困户，具体了解贫困户的经济情况，宣讲扶贫政策。为提高工作效率，不打扰群众的正常生产，杨华岳巧打时间差，利用群众吃中午饭和晚上 6 点到 8 点这两个时段，抓住群众在家的机会。每次走访回来，往往都过了饭点，他就随便吃点泡面充饥。由于种田村前期没有路灯，晚上走访贫困户时，杨华岳都是借着月光，踏着山路一户户去了解情况。不同自然村之间相隔 4～5 公里，有时候走访完贫困户已经是晚上 10 点多。在半年多的时间里，秉持着"没有调查就没有发言权"的原则，杨华岳的足迹遍布了种田村 6 个自然村 80 多户贫困户。在与贫困户的接触中，杨华岳了解了不同贫困户的需求，并尽力为他们解决困难。

种田村某位贫困户将近 50 岁，平时劳作不积极，以打散工为生，主要靠低保生活。当时杨华岳走访后，建议他通过养鸡、养猪改变现实生活状况，但他以没有销路推脱。扶贫要扶智，更要扶志。了解到其思想顾虑后，杨华岳去做思想工作，他鼓励那位贫困户："只要有志气、有信心，就一定能脱贫致富。"杨华岳还主动联系对接学校二级党委回收农产品。该贫困户因此打消了顾虑，在对接党委的帮扶下，养殖了一批小鸡并成功出售。为此他笑逐颜开地说："劳动是可以致富的，以后要好好劳动。"

小兰田村一户特困户，常年居住在一间潮湿破旧的房子。杨华岳得知后，主动联系保安镇扶贫办，积极申请危房补贴。在危房补贴款项下拨后，杨华岳与村干部共同协助该特困户搬迁房子，以便改造。

小兰田村的引水灌渠由于年久失修，一直影响农田的灌溉。村民纷纷表达了修整水渠的愿望。为了进一步探讨水渠修整的可行性，杨华岳与几位村干部踩着泥泞的山路沿路查看，实地考察水渠的失修情况。经过积极与中山大学、镇里沟通，他们争取到了5万多元的维修资金，修筑了引水灌溉工程，得到了村民的高度认可。实干和真情拉近了杨华岳与村民的距离，让他们看到了驻村干部的真心实意，也进一步树立了村民脱贫的信心。

杨华岳考察小兰田村水渠失修情况
（来源：校工会）

建设主导产业，助力经济增长

连州市种田村下辖的6个自然村较为分散，在定点帮扶之前，种田村几乎没有产业发展，村集体经济收入为零，只能靠镇政府的拨款。杨华岳认为："种田村要脱贫，必须要有集体经济，否则脱贫只能是空话。产业发展是必不可少的。"如何发展当地的产业，是杨华岳考虑最多的问题。由于种田村地处偏僻，交通不便，很多村民都对主导产业的发展抱有怀疑的态度。

找到一条适合村庄发展的道路，促进产业的转型升级是扶贫工作中最重要也是最困难的任务。最初，村干部们通过向村民发放免费菜种、猪苗、鸡苗，并回购收获的蔬菜和养大的肉猪、肉鸡，来提高贫困户的劳动积极性。但是这种零散的经济模式远远不能解决贫困户的脱贫问题，也不可能提高村集体经济的收入。在前期驻村干部的提议以及调研摸查的基础上，杨华岳发现紫色淮山是市面上较为少见的农产品，有意在种田村发展紫色淮山种植业，于是通过校工会邀请中山大学生命科学学院的专家前往种田村进行实地考察。结果显示，种田村的土壤条件的确适合紫色淮山生长，并且紫色淮山的营养价值较高，具有比较好的市场前景，这给了杨华岳很大的信心。然而村民却担心存在亏损的风险。为此，在学校有关部门的支持下，杨华岳率先在村里的生态农场试种紫色淮山，为村民做好先行示范。经过一年的时间，紫色淮山大获丰收，并获得了很好的市场效益。这一结果给村民们增添了信心，让他们对农业生产重新燃起了希望。杨华岳积极发动中山大学对接二级单位资助贫困户购买空心槽管、原料、淮山种子等，同时邀请技术专家到村里进行淮山种植技术指导。种田村掀起了种植紫色淮山的热潮。2015 年，在杨华岳的积极联系下，中山大学总共投入了近 30 万元，资助了近 60 户村民种植了近 100 亩紫色淮山，进一步推动了贫困户脱贫，也直接增加了村集体经济的收入。

杨华岳（左一）到农田了解贫困户种植紫色淮山情况
（来源：校工会）

践行群众路线，诠释责任担当

在定点帮扶之前，种田村的党组织不够完善，制度不够健全，党员的先锋模范作用发挥不明显，党员对于扶贫的认识不足。习近平总书记2012年在河北省阜平县考察扶贫开发工作时明确指出："农村要发展，农民要致富，关键靠支部。"作为种田村党总支副书记，杨华岳坚持一手抓党建，一手促扶贫。他多次参加党支部会议，强调党员的先锋模范作用，积极发挥村干部党员的核心作用，深入践行群众路线，为群众排忧解难。

种田村党总支认真开展"三严三实"专题教育活动
（来源：校工会）

一个贫困村的建设需要从制度、硬件设施、精神文明三个方面进行。其中最紧要的，是要帮助种田村做好制度方面的建设，以奠定整体改革的基础。过去，种田村财务制度不够完善，财务账目不够清晰。杨华岳到村后，协助村委会建立财务制度，制定出台了《保安镇种田村财务管理制度》《保安镇种田村集体经济管理办法》等规章制度，使村财务做到有章可循。

要致富，先通路。按照帮扶规划的任务，杨华岳用好中山大学的帮扶资金，与前任驻村干部一起修建小兰田、钱屋、种田以及田冲公路，做到六个自然村村间道路村村相通，全面实现了道路硬体化；修建松树塝村的停车场、松树塝村 60 米的巷道以及洗衣台的通行小路；在各个自然村安装了路灯，方便了村民的出行；对种田村、松树塝村、墩头村、小兰田村等几个村的水利进行了修缮。这些工程彻底解决了各个自然村群众的出行和农业灌溉问题，满足了他们的夙愿。

建成的"三面光"水渠
（来源：校工会）

同时，杨华岳在学校争取到的外来资金的支持下，与同事们为种田村打造了一座集种植、养殖、休闲及实践于一体的生态农场，其中包括 30 亩的种植场以及 40 亩的养殖场。将生态农场承包给相关公司进行经营，可带来 12 万元的村集体经济收入。杨华岳还引导农民进行蔬菜种植，推行"公司＋基地＋农户"模式，实行统包统销的模式，提高农民的积极性。他还举办了农业技术培训，邀请中山大学老师过来举办冬瓜种植技术培训以及台湾泥鳅养殖技术培训，展示种植及养殖技术。同时，还邀请东苑宾馆管理人员前来进行酒店管理培训，提高村民其他方面的技能，拓宽农民的就业渠道，真正做到了"授人以渔"。

除此之外，村里还陆续修建了种田村文化室，供村民举行会议、开展文娱活动等；修建垃圾池六个，公共厕所一个，出台了种田村卫生管理办法，改变村民随手扔垃圾的习惯，改善村里的环境卫生；改建农家书屋，存放中山大学党委统战部捐赠的 3000 册图书，提高村民的知识水平。杨华岳还在学校有关部门的支持下，联系中山大学中山眼科中心为种田村及保安镇其他村共计 30 位白内障患者实施手术，实现了种田村无白内障的目标。协助组织由学校多个单位的专家组成的义诊活动以及"三下乡"活动，为当地村民近千人次看病咨询、送医送药送服务，得到了村民的高度赞扬。这些都是杨华岳切实践行群众路线、真心帮扶的体现，也是他切实做到"为人民服务"的证明。

立足扶贫事业，舍小家为大家

为了帮助贫困户脱贫，两年来杨华岳长期驻守在种田村，无暇顾及家里事情。一年只回家四五次，每次返回广州，看着父母、爱人依依不舍的眼光，杨华岳都觉得心中不忍。有一次，他怀孕不久的爱人在挤地铁时候由于人多空气不通畅，直接晕倒在地铁站。当爱人打电话过来哭诉"为什么别人怀孕有丈夫在身边陪着？"时杨华岳觉得愧疚万分。但是他明白，扶贫的工作耽误不得。2015 年年底，杨华岳的孩子出生。由于临近第二轮扶贫工作的考核，杨华岳在陪伴爱人几天后就匆匆返回种田村进行扶贫考核的各项准备工作。家人安抚他说："好好干，工作上的事情更重要。"

由于经常熬夜以及晚点吃饭，在扶贫工作最繁忙的时刻，杨华岳得了急性胃炎和带状疱疹。但是想到单位领导对自己的关心，想到家人对自己的支持帮助，看着村民期待脱贫的眼神，看着贫困户群众在田地种植紫色淮山的忙碌场景，杨华岳忘记了身体的不适，内心充满了力量。他说，能够参与扶贫工作，真正为群众做些实事，自己一定要全力以赴。

2016 年，杨华岳完成了中山大学对口帮扶的工作。"脚下沾有多少泥土，心中就沉淀多少真情。"这是习近平总书记对扶贫干部提出的要求，也是杨华岳在扶贫工作中一直坚持的工作原则。在全国进行脱贫攻坚的伟大事业中，杨华岳有幸成为全国 290 多万扶贫干部中的一员，真正参与和见证了帮扶的贫困村走上致富之路。他十分感谢学校和学院能够给予他这次宝贵的下基层机会，扶贫经历促使他更多地去思考人生的价值。作为一名党员，杨华岳用实际行动践行自己在党旗下的誓言。在中国共产党成立100周年和"两个一百年"奋斗目标历史交汇的关键节点，杨华岳表示，将继续发扬扶贫工作中的奋斗精神，不负青春、不负韶华、不负时代，为建设社会主义现代化强国贡献自己的力量。

采访手记

初次见到杨华岳老师，就感受到一种天然的亲切感。尽管事务繁忙，杨老师仍特地安排出时间，接受我的采访。

杨华岳老师是一个十分健谈的人。谈起在种田村的扶贫工作经历，杨华岳老师如数家珍，娓娓道来——走访贫困户、修建基础设施、建设主导产业、完善制度建设……我仿佛置身于那一段脱贫攻坚的拼搏岁月，感受到驻村干部的奋斗热情与群众的幸福感和获得感。在谈及扶贫工作感想的时候，杨老师表示：在扶贫工作中，他更加深刻体会到"坚持以人民为中心"思想的正确性和重要性。从他坚定的眼光中，我看到了扶贫干部不忘初心、扎根基层和心系群众的奉献精神。这种精神映射在每一位不辞辛劳的驻村干部身上，令人动容，也让我受益匪浅。

（作者：王子滢，2018 级历史学系本科生）

沙敏：把理想写在农村大地上

沙敏（左）

（来源：校工会）

人物简介：沙敏，中山大学旅游学院 MTA 教务秘书。作为党员，沙敏积极响应党中央号召和学校工作安排，投身扶贫一线。在 2015 年 10 月至 2017 年 7 月期间，先后到两个村驻村帮扶：第一个是广东省连州市保安镇种田村，从 2015 年 10 月至 2016 年 3 月；第二个是广东省连州市丰阳镇柯木湾村，从 2016 年 4 月至 2017 年 7 月，和李晓超书记一起驻村帮扶。2017 年 1 月，柯木湾村扶贫工作通过省扶贫办年度考核验收，56 户贫困户顺利脱贫，工作队获评 2016 年"清远市精准扶贫精准脱贫驻村工作队先进典型"。

结对帮扶有政策，全面脱贫奔小康

2016 年，中山大学根据省委、省政府脱贫攻坚政策部署，开始了对广东省连州市丰阳镇柯木湾村的定点帮扶工作。精准扶贫应当由"输血式扶贫"转变为"造血式扶贫"，促成这一转变的重要途径是发展本土产业，推动产业扶贫。

中山大学深入谋划推动广东特色的"一村一品、一镇一业"之路，走组织化发展之路、品牌发展之路、产业融合之路、绿色发展之路、产业园带动发展之路；深入推进"一村一品、一镇一业"向纵深发展，紧紧围绕湾区发展战略，完善产业规划，抓好典型宣传，凝聚强大合力，进一步推动广东"一村一品、一镇一业"走在全国前列。

沙敏刚到村时，最重要的工作是精准识别贫困户，摸清楚贫困户情况和村情民意。"一村一品"是贫困户建档立卡后，确定帮扶措施时的一个思路。按照这个思路，沙敏等扶贫干部结合柯木湾村的发展情况，探讨适宜的产业模式。2016年下半年开始，沙敏等人经过调研、评估，找到了柯木湾村发展的三个思路：发展砂糖橘、发展夏东村生态旅游和发展特色种养产业。最后，经学校研讨论证，确定发展水蛭养殖产业。确定发展思路后，工作队马上落地执行，清丈田地、租赁手续、挖塘蓄水、种苗食物、日常管理等工作快速推进。

多年来积贫积弱的小村庄，经过帮扶马路平坦了，路灯亮起来了，新房子修起来了。

聚力扶贫攻坚，开展民生工程

做好精准识别这个最重要的工作以后，沙敏针对具体情况确定帮扶政策。在党的领导下和学校的支持下，具体实施了如下方案：购买扶贫基金，保障村集体收入；制定并落实产业帮扶政策，在壮大集体经济的同时增加贫困户收入，带动乡村经济；推进道路硬化、乡村亮化等工程。沙敏驻村期间，完成了道路硬化以及全村安装路灯的任务，并且在精准确定危房改造户后，成功完成了几户危房改造的任务。令沙敏印象比较深刻的是大江脚村的盘叔家，从旧房到新房，从旧路到新路，他见证了盘叔一家的变化。

党员有身先士卒的动力，充分发挥党员的先锋模范作用，可以更好地凝聚乡村振兴的力量。沙敏驻村期间，柯木湾村委有12个党支部，78名党员。为了发挥党员的力量，除了在村委开会，沙敏和同事们平时也经常到党员家里坐坐，了解村里情况。值得一提的是，柯木湾村里的党员党龄普遍比较大。沙敏到村后，注重发展年轻党员，吸收新生力量入党。他深知，党建能够为村集体发展提供思想动力，团结强大的党支部将会是带领柯木湾村走得更远的力量之源。"党支部是我们的战斗堡垒，在我们的工作中发挥了重要作用。"

沙敏（右一）在贫困户盘叔家中核实危房改造需求
（来源：校工会）

忠诚履职创佳绩，不忘初心勇担当

正因为生在农村，沙敏更有动力、更有责任为乡村发展助力。到了村里之后，跟预料中不同的地方也有不少。沙敏感慨，基层工作经历不仅提升了他的思想深度与宽度，还丰富了人生阅历。农民的纯朴让沙敏感到亲切，贫穷带来的苦难也让他不忍。

沙敏在马头嵊走村入户时，听村民说之前村里的小伙子带女朋友回家，女朋友看到村里的路，第二天就走了。这让他真切体会到，村道、危房改造等基础设施建设，是柯木湾村脱贫的重点工作。俗话说"要想富先修路"，在学校和地方政府、村委的支持下，马头嵊、大江脚的路修好了，圆了两村几十年的梦，这令沙敏感到无比高兴。

沙敏一直坚信教育是治本之策。在驻村期间，他格外关注在读生有无贫困户，不遗余力地帮助马头嵊村上学有困难的孩子入学、转学等。

拉近距离增感情，一枝一叶总关情。柯木湾村下辖的 10 个自然村都比较分散，地理位置不错，整体上来说条件尚可，贫困户致贫原因主要是无劳动力、因病、因残、教育条件差。缺少工作机会导致村民的收入不高，如何带动更多村民在家门口就业，从脱贫走向致富？沙敏有了产业扶贫的思路，在柯木湾村产业扶贫项目启动之后，有劳动力的贫困户就可以获得就业岗位。这也是一种可持续的造血式扶贫。

旅游扶贫，也是当时脱贫的一个思路，为此沙敏和李晓超书记到附近镇的景区连州地下河，对景区管理人员、旅行社和游客做调研。

柯木湾村召开贫困户入户核查动员会
（来源：校工会）

凝聚团结力量，夺取脱贫攻坚胜利

上下同欲者胜。沙敏坚持一定要保障集体和村民利益的原则，他认为要做强村集体，必须要保障村民尤其是贫困户的利益。另外，在发展旅游产业的过程中优先安排有劳动力的贫困户就业，也是一以贯之的原则。在党的领导下，沙敏和同事们与村民同心勠力，合力攻坚，劲往一处使，拧成一股绳，使得柯木湾村有了巨大的变化。

沙敏谈道："我从农村成长，回到农村参与脱贫攻坚对我而言是自然而然的，不能说是完成什么任务，作了什么贡献，我觉得这都是应该做的，只能说略尽绵薄之力。农村是能锻炼人的，农业是大有可为的，青年学生也能从农民身上学习到在城市学不到的本领。"近年来，"三支一扶"（大学生在毕业后到农村基层从事支农、支教、支医和扶贫工作）的队伍在不断壮大。越来越多的中大人选择到基层去，到祖国最需要的地方去发挥所长，这正是学以致用、不负韶华的最好体现！

采访手记

沙敏老师在驻村帮扶工作中与村民同吃同住同劳动，同心同向同小康，以积极的态度、扎实的作风、得力的措施完成脱贫攻坚任务，使得村有脱贫产业，户有致富思路。在打赢脱贫攻坚战的过程中，同贫困群众手牵手，心连心，共奔富裕路。作为青年学生，我们要学习沙敏老师身上这种勇于担当、甘于奉献的精神，在今后的学习过程中融合实践锻炼，以时不我待、念兹在兹的紧迫感，和脚踏实地、久久为功的实干精神，实现青春的价值。

（作者：时鑫豪，2020 级哲学系本科生）

曾毅斌：走进村民心中，抓好户建促扶贫

曾毅斌

（来源：校工会）

人物简介： 曾毅斌，中山大学党委保卫部、保卫处（综合治理督察办公室）副部长、副处长，2017 年 6 月至 2019 年 3 月期间，中山大学定点帮扶广东省连州市丰阳镇柯木湾村驻村工作队员。2019 年 3 月，驻村工作队荣获"广东省 2016—2018 年脱贫攻坚工作突出贡献集体"荣誉称号。

柯木湾村，位于广东省连州市丰阳镇。在走进这片淳朴、秀丽的土地之前，曾毅斌是一名长期从事教育管理的行政人员。2017 年至 2019 年，他受组织委派到柯木湾驻村两年，和同事一道全心全意投入脱贫攻坚的伟大历史任务中。驻村的两年，他满怀热血激情，走遍村里的每一条路，走进村里的每家每户。在他的努力下，柯木湾村的户建工作深度开展，贫困户们得到全方位的帮扶，他的名字也留在了每一位村民的心中。

户建工作，深入民心

习近平总书记强调："做好基层工作，关键是要做到情况明。情况搞清楚了，才能把工作做到家、做到位。大家心里要有一本账，要做明白人。……要搞好规划，扬长避短，不要眉毛胡子一把抓。帮助困难乡亲脱贫致富要有针对性，要一家一户摸情况，张家长、李家短都要做到心中有数。"

在接受任务前，曾毅斌曾参与学校在种田村等地的扶贫工作，有一定的扶贫工作经验。他一方面满怀热情信心，相信在学校党委的领导下，脱贫攻坚工作一定能够做好；一方面也充满思虑，反复思考在新的地方、新的环境下扶贫工作如何能找对思路，找准路子。出发前，他做了细致详尽的材料搜集工作，建立了对柯木湾村的基本认识。

柯木湾的村干部们提起曾毅斌时，"亲力亲为""扎扎实实"是他们最常用的词。时任丰阳镇扶贫办主任邓记雪回忆道，曾毅斌到达柯木湾之后，迅速进入角色，每日奔波在乡间小路上。"之前他的工作主要面对的是师生，现在要面对村民，是非常大的角色转变。曾毅斌在短时间内就调整好状态，真真正正、扎扎实实俯下身去了解民情，为村民服务。"一个月内，曾毅斌就把村内72户贫困户的情况摸得清清楚楚，对附近村镇的情况也了如指掌。为了配合村民们的作息，他常利用中午或晚上的时间走访贫困户，深夜时分柯木湾的乡间道路上常见他的身影。这些都在邓记雪心中留下了深刻的印象。

驻村两年里，曾毅斌和我校驻柯木湾村第一书记古添雄合理分工、共同协商推进村内建设工作。曾毅斌介绍道，他和古书记商量了工作策略，认为首先要抓团结，团结好村委会班子，团结好乡亲们，众人拾柴火焰高，团结的工作由古书记唱主角，以鼓励为主，帮村干部和村民们树立信心，共同努力改掉传统"惰性"和畏难情绪。鞭策的角色则由曾毅斌扮演。对此，他说："村委会委员是从各个自然村选上来的，每个委员心理上都会为自己的村争取项目、资金帮扶，但从学校角度讲，则希望把项目、资金投放到最科学、最合理、最需要的地方。这个时候，古书记和我的分工策略就非常有效了。"村干部们回忆起当时情况时也说："曾老师很会做工作，很会讲团结。"

曾毅斌（右一）了解五保户生活状况
（来源：校工会）

在村风建设方面，曾毅斌做了大量工作。驻村工作队联合村委，紧紧抓好以村党组织为核心的村级组织建设，进行村容村貌全面整治，加强党员培训工作、发挥党员干部带头作用。如今的柯木湾，村民的精神风貌焕然一新，乡村的景色秀美如画。

柯木湾村党群服务中心改造前后
（来源：校工会）

帮扶不断，队伍不散

在曾毅斌记录的"明白卡"里，有因病辍学，在扶贫干部和中大师生共同扶持下顺利考上大学的高三姑娘；有意外残疾，在驻村工作队的帮助下从事家禽养殖业的吴伟军；有因心脏病手术劳动力受限，后成为驻村工作队工作助理的吴燕萍等。户建工作记录下来的，不仅仅是数据，更是曾毅斌与当地村民千丝万缕的联系；户建工作带来的，不仅仅是工作的扎实推进，更让村民们切实地感受到生活水平的提升。深入的户建工作，让曾毅斌与村民们结下了深厚的感情。

村民胡利军的故事让人印象深刻。胡利军身患侏儒症，属于无劳动力的五保户。在定点帮扶之前，胡利军住在简陋破旧的泥屋之中。2017年，在当地政府与中山大学联合资助下，胡利军的房子原地翻新，建成更加牢固、舒适的水泥房，还添置了电视、电饭煲等家电。搬进新屋之后，曾毅斌常到胡利军家里走访，调查记录他的收入情况，逢年过节还会给胡利军送生活必需品和慰问金。曾毅斌的调查记录汇总形成了一张事无巨细的"明白卡"，现在还挂在胡利军家的墙上，每年更新一次。

胡利军说："我要谢谢他们，谢谢他们对我的帮助，帮我修好了房子，在平常生活中也帮助了我很多。"不仅如此，胡利军在微信上还保留着100多位中大师生的联系方式，每年"三下乡"时候，学生们还会来家里看望他，有的时候他不在家，学生们也会特地到他的家门口看看。回忆起与曾毅斌、与师生们相处的点点滴滴，胡利军露出了幸福的笑容。

改造后的村路
（来源：校工会）

产业尝试，创新发展

在曾毅斌来到柯木湾前，中大已经在此帮扶了近一年；在当地政府和中山大学的投入下，部分村道、巷道、路灯等都已改造，柯木湾的基础设施大有改善。到任之前，他就开始思考如何在继续筑牢工作基础上，帮助村里更上一层楼。

他了解到，连州市砂糖橘品质优良，是当地出名的特色产业，柯木湾旁边的湖江村已经形成了较为成熟的砂糖橘产业；前些年，柯木湾也开始推动砂糖橘种植。他说："砂糖橘一般是三年以后开始成熟，第四年才会有收获。在这过程中，贫困户承受不起颗粒无收，或者丰收贱卖亏本的风险；另外，砂糖橘的种植需要技术，砂糖橘很容易得黄龙病，柑橘的黄龙病就好比人类的癌症，得病后树根都要挖出来，还要石灰消毒，一至两年内不能再种。柯木湾之前一直没有形成合力去种植砂糖橘。"驻村工作队为了发展砂糖橘种植产业，一方面，通过学校积极联系校内专业老师，如生命科学学院副教授、植物医院首席专家张北壮，向村民传授种植技术；另一方面，联系管理学院建立电商平台，帮助村民促进销售。

除了砂糖橘外，驻村工作队经过多方考察后决定尝试养殖水蛭。水蛭，俗名蚂蟥，在内陆淡水水域内生长繁殖，以田螺为食，是中国传统的特种药用水生动物。据《神农本草经》记载，蚂蟥具有很高的药用价值，其干制品泡制后入药，具有治疗中风、高血压、瘀伤、闭经、跌打损伤等功效。水蛭养殖业的尝试，进一步拓宽了当地干部和村民的脱贫思路。在学校驻村工作队支持下，柯木湾村多渠道解决贫困户就业问题，开始了村民"在家门口上班"的尝试，使得一批弱劳动力、不便远行的村民能够在村里获得劳动岗位，提升了家庭收入，为后来发展现代观光农业、旅游业奠定了良好的基础。

如今，曾毅斌已离开柯木湾村返回学校工作，但他对柯木湾的关心从未止步，依旧和柯木湾的村干部村民们保持密切联系，继任的扶贫干部也将村里最新的发展动态与他分享。柯木湾，俨然成为曾毅斌的"第三故乡"。回忆两年的扶贫经历，曾毅斌满怀自豪与感恩，"感谢组织把我送到这个岗位，我很荣幸能够亲身参与脱贫攻坚这项任务艰巨、使命光荣的伟大事业；扶贫事业更是成就了我自己，使我收获良多。"

曾毅斌（左一）为青马班学生介绍水蛭养殖项目
（来源：校工会）

采访手记

七月末的连州已经进入盛夏，柯木湾村却如同深山中的一眼清泉，为我们带来了阵阵清爽。从广州出发到达柯木湾村，足有半天的车程，我们从闹市抽身，进入一处世外桃源。

"世外"，是因为柯木湾村远离繁华地带，没有高楼大厦，但有精致房舍、延绵良田。在出发前，我曾采访过柯木湾村的驻村干部，他们都说，柯木湾村相比以往，已经发展起了相当规模的农业与农副业，当地的砂糖橘、红薯远销各地，逐渐形成品牌效应，吸引着越来越多的外出务工者返乡就业。"一村一品"的有效推广，让柯木湾村的村民虽置身"世"外，却享有不断提升的生活水平。

"桃源"，是因为它与以前相比，更加风光秀丽、恬静宜居，产业的发展不以环境为代价。在一届届驻村干部的努力之下，柯木湾村不管是生态环境还是人居环境，都有所改善。让我印象最深刻的是柯木湾村的党建工作，随着干部的脚印落实到家家户户，柯木湾村有了更浓厚的集体氛围，有了更先进优良的风气。"桃源"之美，美在山水，更美在人心。

在柯木湾村的两天，我仿佛忘记了自己"探访者"的身份，而把自己代入"亲历者"的角色中，去切身体会扶贫的艰难与漫长。脱贫攻坚的成果来之不易，脱贫攻坚者的足迹更令我钦佩。我相信，待到下次与柯木湾相遇，它一定会变得更美、更好。

（作者：王奕淳，2018级历史学系本科生）

刘嘉：用心用情做好每一件小事

刘嘉（左一）

（来源：校工会）

人物简介：刘嘉，现任中山大学党委保卫部、保卫处（综合治理督察办公室）副部长、副处长，2019年2月至2021年4月担任中山大学驻广东省连州市丰阳镇柯木湾村扶贫工作队副队长。所在的中山大学驻柯木湾村扶贫工作队被中共广东省委、广东省人民政府评为"广东省脱贫攻坚先进集体"；个人被广东省扶贫开发领导小组评为"2019—2020年全省脱贫攻坚突出贡献先进个人"，被中山大学党委评为"2021年校级优秀共产党员"。

走在村里，独自在家的老人会远远地扬起手和他打招呼，捧出自家种的柑橘塞满他的口袋；镇上赶集，村里人也会拉着他家长里短的唠上几句；入户走访，贫困户家的娃娃会扑到他的身上黏着他不肯下地；途经学校，村里的孩子隔着围栏也会骄傲地和旁边的同学介绍："这是我们柯木湾的刘老西（师）！"

这是中山大学派驻广东省连州市丰阳镇柯木湾村的扶贫干部刘嘉。2019年2月到2021年3月，他担任驻村扶贫工作队副队长，主要负责帮扶村建档立卡贫困人口的户建和扶贫工作队的内勤工作。驻村扶贫工作队是一个整体，既要确保学校的帮扶规划落实、落细、落地，也要与帮扶地党委政府步调一致，不折不扣地完成各阶段的脱贫攻坚任务。日常工作中，他一方面与驻村第一书记、工作队队长同心同德、分工协作，严格对标上级要求和脱贫标准，始终以精准化为标准和要求，夯实农村基层党建，落实帮扶村建项目，抓实扶贫产业发展；另一方面全心关注建档立卡贫困人口的生产生活情况，强化分类施策，注重扶贫与扶志扶智相结合，在切实帮助解决他们的实际困难及防止返贫方面做了大量深入细致的工作。

柯木湾村下辖10个自然村，500余户2100多人口，是一个多姓杂居的粤北小山村。在脱贫前，全村有72户157名相对贫困人口，贫困发生率约为7.3%。和其他乡村情况类似，柯木湾村留守老人、孩子多，享受五保、低保政策的人口约占贫困人口的50%，残疾人约占贫困人口的25%，有劳动能力人口仅占贫困人口的30%。

在历任工作队的接续努力下，从2016年5月到2020年12月，柯木湾村集体经济收入由不足5000元增长到超过25万元，建档立卡有劳动力贫困户家庭人均年收入由不足3500元增长到21513元，贫困村和贫困人口均达到退出标准，脱贫成效显著。

统筹兼顾，筑牢"两不愁三保障"底线

刘嘉密切联系群众，全面熟悉全村建档立卡贫困户和边缘户的家庭情况，不断提升帮扶的针对性和有效性。为了用好中山大学自筹的扶贫济困日捐款，他拟订《中山大学定点帮扶连州市丰阳镇柯木湾村广东扶贫济困日活动捐赠资金使用实施方案》《中山大学定点帮扶柯木湾村建档立卡贫困户奖补及补助实施方案（2019—2020)》，并报学校通过，在村里扎实开展保障性扶贫，认真细致、逐户逐人进行生产奖补、劳务补助、教育补助、医疗补助、房屋维修补助等贫困户帮扶项目的申报和核查。

哪家有留守老人生活不便、哪家有人生病住院、哪家有小孩在哪读书、哪家屋瓦又漏水了，他都一清二楚，想方设法帮助解决；什么时候该

144

核查家庭收入了，什么时候该发放慰问和奖补了，他也都有条不紊及时推进。就连 2019 年工作队资助村里安装 300 余盏太阳能感应式巷灯，在选点的时候，刘嘉也主张优先考虑装在住得较偏、家中有老弱残的贫困户家门口，方便他们夜间出行。他说，这是给贫困户的"特权"。

平时入户走访，他习惯干三件事，揭锅盖开冰箱看看贫困户的伙食怎么样，进房间爬楼顶看看贫困户住得怎么样，进厕所开水龙头看看贫困户家卫生环境怎么样。贫困户有叫他"老师""同志"的，有叫他"帅哥""小伙子"的，可就是没人叫他"队长"。他笑称自己是"打工的"，既给学校打工、给村里打工，也给贫困户打工。贫困户有了困难和问题，总是第一时间找他或是打电话给他，哪怕解决不了，聊几句、哭一会儿，权当安慰也是好的。

贫困户黎阿姨 70 多岁了，长年积劳成疾佝偻着腰，生活清苦却也乐观；有个儿子在东莞务工，收入一般，40 多岁还没结婚。她家的住房虽是砖混结构，但还是老式的土瓦木楼板木门窗，居住条件较差。刘嘉看在眼里、记在心里，在工作队和村委共同议事的"脱贫攻坚工作推进会"上提出建议，在脱贫前帮助黎阿姨在内的 20 余户改善居住条件，解决房屋存在的门窗破损、屋面漏水、线路老化等问题，相关费用从中大扶贫济困捐款中列支。提议获得通过。从找人联系施工，到监督检查质量，他步步紧跟不敢放松。经过两个月的努力，排查出的住房问题得到妥善解决。黎阿姨逢人就念叨："我热烈地喜欢你们（工作队），有了刘老师你们的帮助，我都要把日子过得更好些。"

针对贫困户"两不愁三保障"存在的问题，2016 年以来，工作队协助地方政府完成危房改造 24 户，历年用于贫困户安全住房和居住条件改善的补助款累计近 30 万元；协助政府部门落实贫困户子女教育补助和医疗保险全覆盖，另外发放教育、医疗补助近 20 万元，全面巩固脱贫成效。

多方施策，扶志为先增强内生动力

扶贫既要扶智，更要扶志。近年来，工作队创造性地开展就业扶贫，多渠道设立公益性岗位，如各自然村保洁员和安全协查员、村委会图书资料管理员、电商平台管理员等 20 余个岗位，在解决因病、因残或需要照料家中老人小孩而无法外出务工贫困人口就地就近工作的同时，加强日常管理和绩效考核，帮助他们树立信心、端正态度，通过诚实劳动稳定脱贫。

刘嘉（中）积极入户提供就业信息，动员有劳动能力的村民就业
（来源：校工会）

贫困户阿梅从湖南嫁到柯木湾已有十几个年头，一家八口，公公婆婆在村务农，自己和丈夫在珠三角务工，四个孩子从初中到幼儿园在读。孩子一直由老人照看，学习成绩不理想，或讷于与人交流，或言行举止粗野。此前，阿梅在广州一家文化传播公司工作，有着不错的工作环境和收入。2019 年上半年，工作队邀请中山大学神经语言学教研团队两度到村开展农村留守儿童语言功能筛查，结果发现阿梅的四个孩子中有三个存在不同程度的语言功能障碍。刘嘉得知这一情况后，第一时间和阿梅通了电话。听得出来，电话那头的她无比忧心——如果继续在广州工作，收入是不错，但很有可能会耽误孩子的前途；如果回村里照顾孩子的生活和学习，家里经济又难以支撑。10 月，权衡再三的阿梅还是辞了工作回到村里，离开了心仪的工作岗位，她心有不甘。

这一情况，刘嘉早已想到了。工作队正在推进的产业扶贫项目需要得力的人帮助，这是一个很好的机会。刘嘉和驻村第一书记商量，为阿梅量身定制了"电商平台管理员"这一公益性岗位，帮助工作队和公司负责电商平台和线下展厅的日常运维工作。2020 年疫情防控期间，工作队将电商工作室临时辟作"建档立卡脱贫户子女网课学习中心"，刘嘉任命阿梅为"临时班主任"，为村里近十名脱贫户子女提供学习保障。2020年下半年，刘嘉还积极争取到了政府的公益性岗位指标，为阿梅的后续发展提供机会。

"刘老师帮我安排的这个岗位，既缓解了我回到村里的经济压力，也让我能够发挥所长，找到自己的价值。"如今，阿梅能够兼顾家庭和工作，恢复了往日的自信；同时，她还借助平台做起了"千鲜汇"线上销售，帮着村里人购买日常所需的生活物资，也能有点额外的收入。最主要的是，四个孩子的情况有了很大的改善，大女儿、三女儿的成绩进步明显，二女儿也开朗了起来。孩子健康成长，收入也有了保障，阿梅回村这条路是走对了。

严守规则，有据可查做足案头工夫

刘嘉负责扶贫工作队的内勤工作，巨细靡遗地做好系统数据填报、资金项目台账、文件档案整理等保障性事务。凡涉及脱贫攻坚的重要事项，如项目论证申报、过程监管、资金使用等方面，他严守规则，规范管理，确保项目可安全可靠地推进。他注意资料的收集和归档，严格把关，力求资料原始真实、要素齐备、逻辑自洽。他经办各类帮扶项目104个，涉及资金768.2万元，占了帮扶资金的一半以上。同时，他还担任帮扶村的信息员，各类数据报表的填报更是反复核对确认，丝毫不敢放松。他设计并加以改进的帮扶项目程序和资料台账，常常被作为"范本"供其他村参照。

刘嘉常说："眼下这些琐碎的工作是扶贫工作的重要支撑，脱贫成效要经得起历史的检验，将来回顾还是要看过程。如果因为我的工作造成过程资料缺失了，那么我就对不起这份工作。"为此，他不但自己注重收集整理，要求共事者亦是如此。提交审批或支付的项目，该上会的必须上会讨论通过，该有的数额、日期、签名、印章一个都不能错、一个都不能少，该修正或补齐的材料必须到位，所有材料也必须保证原始真实、逻辑自洽。

他这股对待案头工作的严谨细致，让周围人有时甚至有些"怕"他，担心经手的资料有缺失或不规范被他"揪出来"；同时也佩服他，觉得有他把关，事情总能做得圆满。

在 2020 年年底的省扶贫开发工作成效考核中，村里的扶贫资料整理得纲举目张、完整齐备，让考核组和镇村干部印象深刻。这背后是刘嘉的执着追求和不懈努力。

刘嘉整理 2016 年以来学校定点帮扶柯木湾村工作档案
（来源：校工会）

回望中山大学与连州柯木湾村近五年的结缘，回望自己两年的扶贫之路，刘嘉感慨良多："学校高度重视、全力支持、合力帮扶，三批扶贫工作队一棒接着一棒共同努力，粤北乡村柯木湾硬件改善了、环境美化了、乡风文明了、产业振兴了，贫困村和贫困户也如期摘帽了，这是我们最高兴的事。中山先生训诫'为社会福，为邦家光'，我能够有幸投身脱贫攻坚和乡村振兴这样的伟大事业，是何其的光荣！未来的工作中，无论在哪，我都将继续发扬螺丝钉精神，在平凡岗位上贡献自己的绵薄之力。"

（作者：刘小慧，2018 级新闻传播学院本科生）

医疗帮扶篇

蔡华雄：让健康笑容在彩云之南绽放

蔡华雄
（来源：附属口腔医院）

人物简介：蔡华雄，中山大学附属口腔医院珠江新城门诊副主任（主持工作）、主任医师，2019年5月6日至31日赴云南省临沧市凤庆县人民医院口腔科医疗帮扶。

2019年4月，中山大学附属口腔医院接到上级通知，需要派遣医疗骨干到云南省临沧市凤庆县人民医院对口帮扶，全院医务人员踊跃报名。医院根据凤庆县人民医院口腔科的实际情况，决定由珠江新城门诊副主任、牙体牙髓病专家的蔡华雄与廖维立及钟娟两位来自不同专业的医生组成团队，并由蔡华雄亲自带领，开展对凤庆县人民医院口腔科为期三个月的组合式帮扶。

不忘初心，老党员奔赴凤庆一线

蔡华雄作为一名老党员，欣然接受了帮扶任务。出发前，蔡华雄与凤庆县人民医院口腔科主任王世美、副主任汤应森联系，初步了解了该科室的技术力量、诊治手段及现有装备等情况，初步制订了帮扶方案，准备了必要的设备、器械及材料，以便迅速高效开展帮扶工作。

凤庆县位于云南省西南边远地区，受自然条件的限制，乡镇医疗力量薄弱，受过专业培训的口腔科医生奇缺，很多乡镇卫生院由五官科医生兼职处理牙病。当地群众为了解决牙齿疾患，从乡镇到县城就医要翻山越岭，历经几个小时车程，殊属不易。有的偏远山村群众，每次复诊都需要在县城过夜，来回一趟需要两天时间。因此，群众一般都等到牙齿疾患非常严重了才到县医院求医，严重影响了生活质量。当时，凤庆县人民医院口腔科仅有八名口腔专业毕业的医生，最高职称为主治医师，医疗条件较为简陋，缺乏现代化治疗设备，作为基础治疗的根管治疗技术水平比较落后，远远满足不了解决群众口腔疾病的基本需求。这些困难燃起了蔡华雄强烈的责任感。

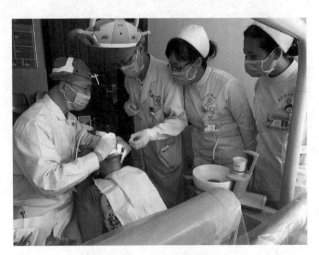

蔡华雄（左一）进行临床示教
（来源：附属口腔医院）

蔡华雄在接诊时发现，当地群众牙髓病、根尖周病等疾病发病率高、治疗率低。凤庆县口腔科根管治疗技术较为落后，现代化的根管治疗理念尚未建立，科室的设备陈旧老化，缺乏先进的设备及材料，治疗手段少。为了提高当地的根管治疗水平，蔡华雄逐一训练当地医护人员使用橡皮障隔离技术。针对当地医生仍然普遍采用比较落后的冷牙胶侧压技术为患者治疗的现状，蔡华雄专程从广州带来先进的热牙胶根管充填设备，利用下班时间，不辞辛劳地使用模型在科室内培训，教会医生们掌握热牙胶充填技术。

在临床上，蔡华雄亲自带教、示范，在进驻的第三天，就为当地患者实施了"根管镍钛预备＋热牙胶充填术"。术中运用的热牙胶充填术、橡皮障隔离技术均为县人民医院首次开展，填补了该县该领域医疗技术的空白。让当地老百姓足不出县就能享受到一流的口腔健康诊疗服务，也为凤庆县人民医院的口腔治疗技术带来新的发展机遇，推动了凤庆县人民医院口腔科的飞速发展。

蔡华雄（右五）培训橡皮障隔离技术
（来源：附属口腔医院）

授人以渔，"造血式"帮扶

"授人以鱼不如授人以渔"，"输血"的同时，更要"造血"。蔡华雄在带去技术的同时，更着重把技术留下，培养一批本地的优秀医疗队伍。他不仅身体力行为患者诊疗、手术，更积极利用门诊坐诊、示教手术、理论授课等一切机会，手把手地向当地医生传授新技术、传输前沿知识、传播新理念，恨不得在有限的时间内把所学所长都传授给当地医务人员。

蔡华雄在繁忙的临床带教之余，利用业余时间，在科室举办了系列学术讲座和新技术培训，如"Cad/Cam 数字化嵌体在牙体牙髓治疗的应用及临床分析""冠根一体化治疗""老年牙髓根尖周病治疗特点""新型镍钛根管预备系统介绍"等，向医护人员介绍当前根管治疗方面的新技术、新进展。

蔡华雄开展学术讲座
（来源：附属口腔医院）

义诊宣教，送医到乡村

精准帮扶不仅要找准方法，更要帮准对象，帮到最需要帮助的群众。

蔡华雄在凤庆期间，利用周末的时间，积极参加下乡义诊。在驻点的第二周周末，他不顾路途遥远，克服晕车呕吐的困难，翻山越岭，在崎岖的山路上驱车三个多小时到 90 多公里外的凤庆县郭大寨彝族白族乡，深入干马村、团山村等少数民族聚集地，送医送药上门，为少数民族群众检查口腔疾患、做卫生宣教，免费开展龋齿治疗、拔牙手术、小儿牙髓炎及根尖脓肿应急处理等诊疗工作。在郭大寨乡卫生院，蔡华雄为群众义诊拔牙，完成了该卫生院首次口腔科诊疗业务。

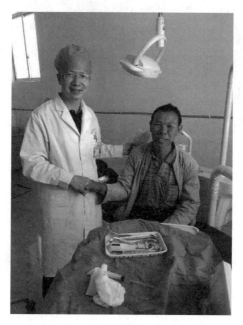

蔡华雄在郭大寨乡卫生院为群众义诊拔牙
（来源：附属口腔医院）

短短一个月帮扶，蔡华雄就在当地初步建立了现代化的根管治疗理念，提高了当地医生对口腔内科常见病、多发病的诊治水平。其间，蔡华雄示教手术 72 人次，为全科人员进行示教操作 3 次，开展学术讲座 4 次，病例讨论 20 次；规范了根管治疗和镍钛根管预备诊疗技术，引进新开展热牙胶充填术、橡皮樟隔离技术，并对科室的下一步发展做了明确的规划和指导。经过中山大学附属口腔医院三位医生的接力式帮扶，凤庆县人民医院口腔科的临床诊疗能力得到了显著提高，并于当年底获评为"云南省省级临床重点专科建设项目（县级医院）"。

蔡华雄在郭大寨乡为群众义诊
（来源：附属口腔医院）

（作者：中山大学附属口腔医院）

曹务腾、熊斐、郑停停：持续帮扶书写奋斗芳华

　　早在 2017 年，中山大学附属第六医院胃肠外科、消化内科、放射科等团队赴云南省临沧市凤庆县人民医院进行帮扶工作，当地反响强烈，希望附属第六医院能够给予长期支持。2019 年，附属第六医院放射诊断科、康复科精准深入地开展对凤医的帮扶工作，其中涌现了曹务腾、熊斐、郑停停等同志的先进故事，他们守护生命健康，在扶贫路上书写了中大人的家国情怀。

被边疆人民挽留的白衣战士

曹务腾
（来源：附属第六医院）

　　人物简介：曹务腾，医学博士，硕士研究生导师，中山大学附属第六医院副主任医师，2019 年 5 月至 2019 年 11 月派驻帮扶云南省临沧市凤庆县人民医院，2020 年获评"中山大学附属第六医院优秀共产党员"。

2019 年 5 月，经学校选派，曹务腾前往凤医医学影像科开展派驻帮扶。作为第一批派驻帮扶专家，他在当地开展一系列影像新技术，填补当地技术空白；倡导诊断新理念，开展 MDT 对肿瘤患者分期分层，并搭建远程诊断平台。"赠人玫瑰，手有余香"，是媒体对他的评价。曹务腾作为一名无私的"植花者"，将先进医疗诊断技术带到滇西边疆，真情帮扶科室发展，切实造福当地百姓。因工作严谨、专业悉心，曹务腾被百姓热情挽留，延长帮扶时间，成就了一段与凤庆人民"心连心"的佳话。

曹务腾在郭大寨彝族白族乡义诊
（来源：附属第六医院）

"帮扶要帮到点子上"，曹务腾是这样想也是这样做的。到凤医后，他随即深入调研，发现当地消化疾病患者较多且病症疑难，亟须消化病变影像学支持，于是他将胃肠道影像技术确立为重点帮扶方向，开展了首例直肠 MRI 扫描，并累计完成十余例；开展首例 CT 和 MR 小肠造影技术，弥补了胃镜、肠镜对于小肠病变显示的局限性。这三项新技术填补了当地影像技术空白。

曹务腾把恶性肿瘤国际分期理念带到凤庆，对已明确诊断或高度疑诊的恶性肿瘤患者按照国际指南 AJCC 进行临床分期，并制定适用于凤医影像科的癌症分期手册。他认为在恶性肿瘤诊断中，影像学的角色不仅是诊断，更重要的是肿瘤分期，分期便于指引患者进行后续的诊疗。在他的指导下，凤医影像科同仁完成了很多三级医院未能实现的"恶性肿瘤影像分期"。在帮扶期间，曹务腾与当地同事共完成胃肠癌、宫颈癌、乳腺癌等恶性肿瘤影像分期近 400 例。

此外，他一有机会就向当地医务人员倡导"超越影像"的新理念，影像学不仅是诊断疾病，更是对疾病进行解析。他提出"临床诊疗、影像先行"，开展"医学影像基本诊断与临床"系列讲座，提升临床医师影像阅片水平。他每周定期进行疑难病例会诊和肿瘤分期的病例讨论，参与医院组织的每一次大会诊，其影像分期和手术所见一致性极高，受到当地外科医生一致好评。曹务腾多措并举，很好地带动和培养了当地影像科人才成长，生动阐释了"授人以鱼不如授人以渔"。

曹务腾在县医院消化病 MDT 指导阅片
（来源：附属第六医院）

曹务腾立足医学影像专业，依托中山大学和附属第六医院优质资源平台，充分发挥桥梁和纽带作用，搭建了远程会诊平台（中山大学附属第六医院—凤庆县人民医院医学影像诊断中心），并于 2019 年 10 月 30 日正式挂牌，成为凤医影像医学快速发展的新引擎。

曹务腾把科学的教学经验、先进的诊疗技术、规范的检查流程留在了凤医，还为凤医搭建起一个带不走的医疗平台，科室的阅片诊断能力得以不断延续和提升。他在凤医所做的这些实实在在的事，真正诠释和践行着中大人的家国情怀。

中山大学附属第六医院—凤庆县人民医院医学影像诊断中心正式挂牌

（来源：附属第六医院）

"老"党员接力，技术扶贫薪火相传

熊斐

（来源：附属第六医院）

人物简介：熊斐，中山大学附属第六医院放射诊断科主治医师，2020年5月至2020年11月在云南省临沧市凤庆县人民医院放射科开展帮扶工作。2021年获得"中山大学优秀共产党员"荣誉称号。

2020 年 5 月，作为一名拥有 13 年党龄的老党员，熊斐光荣成为第二批"组团式"帮扶专家的一员，进驻凤医医学影像科开展为期半年的医疗帮扶工作。

进驻凤医后，她全面了解科室情况，有针对性地优化检查流程、改善扫描序列参数。凤庆乳腺肿瘤性病变高发，5 月底她便带领团队进行首例乳腺核磁共振（MRI）检查，填补凤医乳腺 MR 成像的空白。她还制定了乳腺 MRI 检查规范及指引，成功将乳腺 MRI 检查纳入日常检查项目，为当地患者更早、更合理、更规范诊疗提供技术保障，为实现当地老百姓"大病不出县"的目标又向前迈进一步。

熊斐派驻期间，正值凤医三级评审工作的关键时期，她积极帮助科室制定各项规章制度，整理迎评检查相关资料，查缺补漏，认真参与评审考核。就放射科专科特色组织学习"三基三严"并进行 CPR、对比剂安全用药培训，完善对比剂过敏反应处理方案、危机值诊疗流程。评审期间全程陪同考核专家并解答所有提问，助力凤医成功通过三级评审。

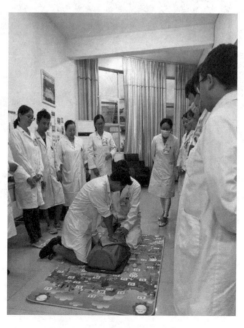

熊斐组织 CPR 抢救流程培训
（来源：附属第六医院）

　　"帮扶是一时的，学科成长是长久的。"熊斐架起桥梁作用，沟通两家医院继续在学科建设、业务学习上互帮互助。在已搭建好的影像会诊平台的基础上进行拓展，除每周四下午组织专题讲座外，还利用钉钉系统开展远程教育学习并形成长效机制。远程教育固定在每天上午 8 点至 9 点进行，实现附属第六医院与凤医影像科线上同步进行业务学习。学习内容涵盖英文文献、病理追踪回顾以及专题影像授课，实现学术帮扶和教学资源共享。

　　熊斐亲历了凤医影像科会诊平台由小到大的发展。她助力医院科室业务能力实现质的提升，践行了一名共产党员的初心和使命，用实际行动将附属第六医院医疗技术扶贫的火种继续发展壮大。

熊斐组织科室进行业务学习
（来源：附属第六医院）

一己巾帼力，服务一方人

郑停停
（来源：附属第六医院）

人物简介：郑停停，中山大学附属第六医院康复医疗中心副主任技师。2021 年 3 月 1 日至 8 月 31 日在云南省临沧市凤庆县人民医院开展派驻医疗帮扶工作，帮扶期间创立了凤医康复医学科女性康复中心。

康复医学科是三甲医院必备科室，凤医提出了帮扶康复科的需求。有着 20 多年经验的郑停停到院后，了解到凤医康复科 2019 年 4 月才成立，架构相对简单，流程有待规范。为尽快提高诊疗水平、提升康复治疗技术，郑停停制订了详细帮扶方案，主动安排临床带教查房传授经验，进行康复治疗技术手把手示范教学，积极开展业务专题讲座，等等，在她带动下科室临床诊疗水平明显提高。

"临床无小事，耐心问诊和检查是对病人最大的负责。"郑停停在教学查房中发现患者因提重物后腰骶部疼痛，连续几个月在不同医院住院治疗但效果依然不好。她详细问诊，结合临床辅助检查和实验室检查，明确诊断为"腰肌扭伤"，经手法松解和核心肌力训练后患者疼痛立即缓解，两天后满意出院。经过不同案例的临床带教、康复治疗技术的输入，凤医康复医生和治疗师逐步掌握了规范的颈腰腿痛诊疗技术，临床效果与患者满意度均得到提高。

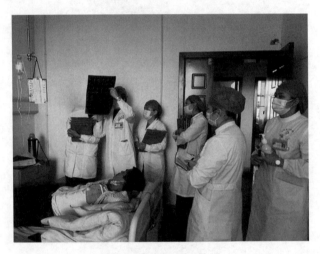

郑停停进行临床教学查房
（来源：附属第六医院）

郑停停心系偏远山区村民。因采茶、头顶重物等劳作习惯，不少女性村民有颈腰椎、胃肠和慢性盆腔疼痛等疾患。她先后到勐佑镇和鲁史镇进行康复基层管理方法和技术的科普宣教；在凤庆县广泛开展女性康复科普讲座，接受凤庆县电视台《茶乡医话》节目的专访，对女性盆底功能障碍进行科普和就诊指导。

郑停停提出帮扶计划须优先建设女性康复门诊，将原有产后康复项目拓展为整体女性康复医疗的构想。一位产后九个月的年轻女性，曾先后去过多家省市三级医院，都未能解决腰骶部及耻骨联合处的疼痛和压力性尿失禁的问题，郑停停做出了"耻骨联合分离、盆底功能障碍"的诊断，并拟定治疗方案，经过五次有针对性的康复治疗和运动训练，完成了凤医首例手法骨盆调整和盆底肌力训练治疗，患者成功治愈。

郑停停带领女性康复医疗团队，历经半年筹备，筹建了凤医首个康复医学科女性康复中心。中心占地面积284平方米，配置价值200多万元的先进设备，拥有康复医师两名、专业康复治疗师八名。诊疗可覆盖全周期女性的疼痛和功能障碍，治疗团队运用多系统评估体系、多物理因子疗法、肌骨调整技术及整体核心运动训练体系等技术来治愈女性患者，提高女性患者的生活质量和信心。中心亦是云南省内首家设备先进、技术全面的女性整体康复治疗中心。

凤庆县人民医院女性康复中心揭牌
（来源：附属第六医院）

郑停停勇于担当，大力促进凤庆县女性康复的起步和发展，推动凤医康复医学整体诊疗水平提升，对县域内康复医疗技术、人才培养等方面的发展作出了重要贡献。

采访手记

在采集扶贫典型素材的期间，曹务腾、熊斐、郑停停同志身上发生的一件件小事，鲜活、亲切，明晰、立体，无不体现了三位同志助力脱贫攻坚、千里帮扶、勇担责任和舍小家顾大家的奉献精神。

他们用汗水浇灌收获，以实干笃定前行。他们不顾路程颠簸崎岖，不顾工作环境简陋，在凤庆的土地上留下汗水与足迹，发挥专业领域知识与特长，啃下了一个又一个"硬骨头"，推动凤医影像科、康复医学科跨越式发展。过程的"苦"也换来了果实的"甜"，他们用责任和担当书写了中山大学助力凤庆县脱贫攻坚的精彩华章。

（作者：中山大学附属第六医院）

曾钢：凤庆县人民医院帮扶记

曾钢

（来源：孙逸仙纪念医院）

人物简介：曾钢，中山大学孙逸仙纪念医院骨外科主治医师，2021年3月至8月赴云南省临沧市凤庆县人民医院进行医疗帮扶。

2020年12月，孙逸仙纪念医院接中山大学通知：云南省临沧市凤庆县人民医院骨科需要医疗对口帮扶半年。当曾钢看到这个通知时，按捺不住心中的喜悦，因为医疗对口帮扶计划中需要骨科对口帮扶的机会很少。他第一时间向科室主任报名，害怕报名晚了错过难得的机会。

2021年1月底，曾钢在学校定点扶贫工作领导小组的带领下来到凤庆县人民医院进行帮扶前调研。与骨外科主任杨竹兵进行了详细的沟通后，曾钢心里有了初步的帮扶计划。返程的路上，看着蜿蜒的盘山公路及四周连绵的山峰，想起自己湘西的家乡亦是如此，此情此景更加坚定了他帮扶的决心。他希望能用自己的技术造福当地百姓，为脱贫攻坚贡献自己的一份力量。

来到凤庆县人民医院后，曾钢成为凤庆县人民医院骨外科的一名"编外全职"医生，虽然科室没有硬性安排，但他却自我加压，查房示教、手术示范、专题讲座，每一天都过得忙碌而充实。经过几个月的帮扶，凤庆县人民医院骨外科迅速成长起来，陆续开展了多项技术先进的手术，使凤庆县的老百姓足不出县便能获得很好的治疗。

精心规划，精准帮扶，精细手术

凤庆县作为劳动力密集型地区，主要农业以种植核桃、茶叶为主，且种植地均为以前的山坡开垦而成，坡陡路窄，因此外伤骨折多见，尤其以足踝部骨折居多。在此之前，凤庆县人民医院所有足踝部骨折手术均为常规大切口开放手术，这次帮扶的主要任务也是对足踝部骨折进行系统教学：规范诊疗、掌握新进展、新技术、新手术。为此，曾钢在帮扶过程中开展了一系列的足踝部骨折的小讲座，并对手术病例进行术前讨论，对于此前需要大切口的开放手术采用最新的微创小切口、甚至在关节镜的辅助下手术。在帮扶期间，曾钢完成了凤庆县首例"跟骨骨折微创复位内固定术"，后续10余例患者均成功施行微创手术。目前，凤医骨外科主任杨竹兵已基本掌握足踝部微创手术，极大地促进了患者的恢复速度。

作为足踝专科三大疾病之一，足踝部畸形的治疗亦是这次帮扶的计划项目之一。此前，凤庆县人民医院从未开展过足踝部畸形的手术，对足踝部畸形还没有足够的认识和了解。因此，曾钢通过小讲课对足踝部畸形进行逐个概述，对手术病例进行逐一讨论，并引导当地医生进行手术规划。曾钢在帮扶期间对常见足踝部畸形进行了讲解、讨论，使骨科医生熟悉足踝部畸形的诊断及治疗策略，同时开展了一系列县域首例的足踝部畸形矫正手术。

曾钢（右）进行踇外翻畸形小讲课
（来源：孙逸仙纪念医院）

据曾钢回忆，在凤庆县第一次门诊时，一位女士一瘸一拐地来就诊，讲述她已经被"大脚骨"折磨了半年了，吃药、打封闭针都没有效果，打完封闭针后的"大脚骨"处皮肤都已经破溃。在曾钢的指导下，医院开展了县域首例"踇外翻矫形术"，术后这位患者足部的外观立即得到改善，术后 6 周已经可以完全下地正常行走，患者感到非常满意。

微创外科是外科手术的发展方向，关节镜手术即为微创外科的一类型，医生通过 2～3 个小孔，在内镜的帮助下完成微创手术。此前，凤庆县人民医院并未开展过踝关节镜技术。此次曾钢帮扶计划中的一项是通过小讲课让凤庆县人民医院骨科医生了解足踝部运动损伤的治疗规范。同时，在临床工作中开展了首例"踝关节镜手术"用于治疗骨折。

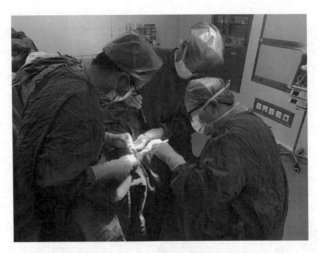

曾钢（左一）施行首例跟骨微创手术
（来源：孙逸仙纪念医院）

对于需要手术的每一例患者，术前曾钢会带领大家进行详细的体格检查，并在病床边进行规范的教学查房，通过提出问题，回顾小讲课的知识点，结合体格检查对手术方案进行规划。术后为让基层医疗护理同质同步发展，加速患者康复，曾钢在给患者查房的同时，对患者术后应注意的护理问题及康复锻炼给予悉心指导，让帮扶科室团队医疗技术水平大幅提高。

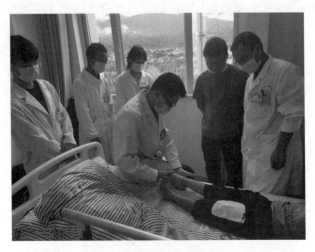

曾钢（左四）在教学查房过程中示范体格检查
（来源：孙逸仙纪念医院）

深入乡村，下乡义诊

凤庆县地处山区，各大乡镇与县城被大山隔绝，连接的道路全都是蜿蜒崎岖的盘山公路，有些较远地方的道路甚至是坑坑洼洼的毛坯土路，年老体弱者来县城看病就医实属不易。在县医院的组织下，曾钢坚持定期深入各大乡镇进行义诊活动，为老百姓排忧解难，同时对乡镇卫生院进行工作上的帮扶与指导。

曾钢（左二）下乡义诊，询问老乡病史
（来源：孙逸仙纪念医院）

科普讲座，治未病，防病于未然

结合下乡义诊的调查及日常临床工作的体会，曾钢发现凤庆本地患关节炎及骨质疏松的老年人特别多。由于地处山区，每天均需要在负重的情况下上山下山劳作，加重了关节炎的罹患概率。在县医院的组织下，曾钢在凤庆县电视台做了关节炎的健康科普讲座，从预防、保养到治疗、康复，进一步解除老百姓心里的疑惑。

人口老龄化使得骨质疏松越来越常见，凤庆县也不例外。我国已出版了骨质疏松的诊疗指南，但由于基础医疗保障水平及当地医生相关医疗知识的缺乏，在医院药房只有最基本的钙片、维生素 D，一线抗骨质疏松的药物一种都没有。为此，曾钢向院领导汇报，组织骨科全体医生学习最新骨质疏松指南。目前医院已申请购入一线抗骨质疏松药物，骨科医生已在临床上按指南要求检查、治疗骨质疏松。

曾钢在凤庆县电视台作科普讲座
（来源：孙逸仙纪念医院）

献爱心，赠学习设备

曾钢利用周末闲余时间，走村串巷，欣赏原生态的风景，同时了解当地生活。在中山大学驻凤庆县红塘村第一书记的带领下，深入了解了红塘村的情况。在中大全方位的帮扶下，红塘村已全部脱贫。参观红塘村大摆田小学后，曾钢等帮扶医生们得知学校图书馆需要一台投影设备，于是商量决定一起捐赠，为红塘村的教育事业添砖加瓦。

帮扶医生们为红塘村大摆田完小捐赠投影仪
（来源：孙逸仙纪念医院）

凤庆县人民医院骨外科主任杨竹兵说："曾老师自3月1号来到我们科，对我们科从医疗上、手术操作上、业务学习上，还有管理上给予了全方位的帮助。通过他的帮扶，我们开展了一系列新的项目，半年的帮扶让我们在科室的管理、业务能力各方面都有了一定的提升。"

面对这些帮扶成绩，曾钢说，中山大学对凤庆的帮扶是全方位的，医疗帮扶只是其中一项，而他只是前前后后帮扶医生中的一员。虽然中山大学与凤庆县相隔千里，但这种帮扶的情怀却是真情实意的。在来帮扶之前，学校及医院的领导嘱咐他要全力以赴做好帮扶工作，按计划实现帮扶的各项目标，要把技术真正留在凤庆县，造福这里的人民群众。经过多年"组团式"的医疗对口帮扶，凤庆县人民医院的医疗水平已得到极大提高。曾钢表示，自己离开家人到千里之外的凤庆县人民医院，最大的动力来自内心的那份情怀。他曾赋诗一首，以抒胸臆：

逸仙远航，滇红之乡；救死扶伤，吾辈担当。
九人九行，齐聚一堂；帮扶边疆，助民安康。

（作者：中山大学孙逸仙纪念医院）

曾映娟、孙莹：凤庆人民家门口的中大医者

医疗帮扶，山海情深。凤庆距离珠海 1800 多公里。带着中大医者的使命担当和家国情怀，2021 年 3 月至 8 月，中山大学附属第五医院内分泌与代谢病科副主任医师曾映娟、主治医师孙莹到云南省临沧市凤庆县人民医院开展医疗帮扶工作，与众多中大医者一起为凤庆人民留下了一支带不走的医疗队。

病患 13 年的困扰，一朝解决

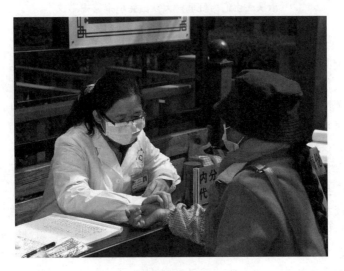

曾映娟

（来源：附属第五医院）

人物简介：曾映娟，共产党员，附属第五医院派驻云南省临沧市凤庆县人民医院医疗帮扶干部、内分泌与代谢病科副主任医师，任凤庆县人民医院内分泌血液内科主任。

174

"得病后，空腹血糖从来没有像现在这样正常。非常感谢曾医生。本来打算去北京、上海，现在在家门口就能解决问题。"病情得到控制之后，云南凤庆一名患糖尿病长达13年的患者为附属第五医院派驻凤庆县人民医院医疗帮扶医生、内分泌与代谢病科副主任医师曾映娟送来了锦旗，以感谢医生解决了她多年来血糖控制不佳而带来的困扰。

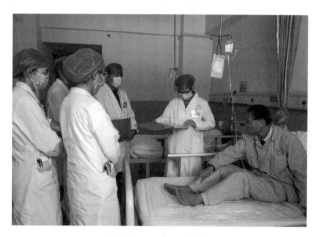

曾映娟（右二）带教查房
（来源：附属第五医院）

曾映娟表示："根据以往经验，我判断该患者为青少年发病的成人糖尿病，调整治疗方案后，患者血糖达标，对治疗效果很满意。此前，该患者因为血糖控制得不好，引发了系列并发症，曾到多个医院就诊但效果不佳。"该患者原本计划外出到北京、上海求医，但路途太遥远，听说珠海来了批专家，她抱着试一试的心态就医。

曾映娟于2021年3月赴云南凤庆执行帮扶任务，任凤庆县人民医院内分泌血液内科主任。

其间，曾映娟通过常态化组织业务学习、带教查房、门诊带教、病例讨论等多种方式，为该院内分泌血液内科医护人员详细讲解指南、传授诊疗经验、规范诊疗行为。科室对糖尿病慢性并发症、妊娠合并糖尿病、甲状腺疾病诊治、垂体肾上腺疾病等内分泌常见疾病的诊疗规范化程度明显提高。

该院内分泌科医生黄蓉说："通过两个多月的跟班学习，自己收获很多。结合一个个具体的病例，曾映娟老师深入浅出地为我们讲解最新指南、规范疾病诊治。每一次接诊，她都非常耐心地听患者倾诉，尽最大努力引导患者正确面对疾病，消除恐惧。"

曾映娟受邀录制科普宣传电视节目

（来源：附属第五医院）

"结合具体的病例讲解指南，会让人印象更加深刻，学习效果更好。"曾映娟介绍，此前她收治了一位59岁的女性患者。该患者入院前因呕吐、腹泻数次后乏力，不久后，意识障碍、呼之不应，被送至急诊科就诊。结合患者有产后大出血病史，35岁停经，平时体力差、食欲差，因腹泻、呕吐应激出现低血糖昏迷和体毛脱落等情况，考虑患者为典型的席汉综合征患者。此后，垂体功能相关评估检查印证了该诊断。经过治疗后患者未再出现低血糖发作情况，出院时患者体力及食欲明显改善，相当于正常人体力。

席汉综合征是因产后垂体缺血坏死后导致的一系列内分泌腺功能减退的疾病，主要累及性腺、甲状腺及肾上腺皮质，临床上称为腺垂体功能减退症，遇到感冒、发热、腹泻等应激情况下容易出现低血糖、低血压、休克、昏迷，甚至危及生命。近年来，因产科医疗技术的发展，该病的发病率大幅减少，像这样典型的病例非常少见。

通过这个典型病例，曾映娟为科室医护人员详细讲解了垂体功能的评估方法、腺垂体功能减退的早期识别、垂体危象的规范诊治，以便早期识别类似的患者并给予规范诊治。

曾映娟说："这里的人民朴素友善，同事们热情好学，作为一名党员及医务人员，我希望尽一份绵薄之力，留下一支带不走的队伍，让老百姓真正在家门口就能解决问题。"

"输血""造血"并重，解决疑难杂症

孙莹（右）
（来源：附属第五医院）

人物简介：孙莹，附属第五医院派驻云南省临沧市凤庆县人民医院医疗帮扶医生、内分泌与代谢病科主治医师，任凤庆县人民医院内分泌血液内科主任。

孙莹是附属第五医院内分泌与代谢病科主治医师，于 2021 年 6 月到达凤庆县人民医院，任该院内分泌血液内科主任。

抵达该院后，孙莹迅速熟悉科室情况，全身心投入工作。其间，她接诊了一位令当地医生"头痛"的老年男性患者。该患者原本患有高血压、糖尿病，半年前曾因低血糖昏迷住院。这次因为恶心、呕吐、发热住院，入院时血糖、血压均低，还有严重的低钠血症。因此前治疗效果较差，家

属还有些不理解，当地医生对老人的病情也感到困惑。

患者为派驻医生送锦旗
（来源：附属第五医院）

孙莹查房后考虑该患者存在"肾上腺皮质功能减退"，主管医生完善相关检查后证实了该诊断，并给予了对症治疗。

经过治疗后，患者生命体征平稳，并逐渐恢复了体力，从每天卧床、精神萎靡，到下床活动、精神饮食恢复正常。孙莹对患者家属详细交代病情及出院后注意事项，出院时老人家高兴地抓住孙莹的手道谢，每次复诊都说："孙医生，你要是回去了，我的检查结果这边的医生会发给你，你可一定继续帮我看啊。"

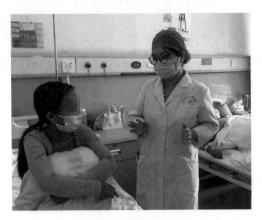

孙莹在查房
（来源：附属第五医院）

孙莹对该患者说："老人家，不必担心，我一定看。其实，这里的同事一样可以帮您看的，他们跟我看得一样好。"其实，这并不是一句宽慰老人家的话。临床诊疗工作之余，孙莹坚持"输血"与"造血"并重，反复给科室医护人员讲解最新指南，规范疾病诊治，开展新技术、新项目，科室医护人员的诊疗水平得到了明显提升。

孙莹指导病例讨论
（来源：附属第五医院）

一句"你可一定继续帮我看啊"，让孙莹收获感谢与信任的同时也感到任重道远。她表示，今后如果有机会，自己还会继续关注并参与山区的医疗帮扶工作。这是作为医生的责任与荣耀，更是中大医者的使命与担当。

（作者：中山大学附属第五医院）

何裕隆、张常华、李明哲、方烁、黄张森：
薪火相传，倾情帮扶

中山大学附属第七医院于 2017 年赴云南省临沧市凤庆县人民医院开展帮扶工作，开启了对口帮扶工作的序幕。2018 年 8 月，中山七院与凤庆县人民医院签订了《中山七院对口帮扶凤庆县人民医院协议书》，正式启动了医、教、研、管、文等多方面、全方位、精准持续的对口帮扶工作。为实现凤庆百姓"大病不出县、小病不出村"的夙愿，中山七院一批又一批专家薪火相传、倾情帮扶，涌现了何裕隆、张常华、李明哲、方烁、黄张森等优秀工作者，扶贫路上硕果累累。

工作机制再完善，帮扶渠道再拓宽，帮扶举措再精准

何裕隆
（来源：附属第七医院）

何裕隆、张常华、李明哲、方烁、黄张森：薪火相传，倾情帮扶

人物简介：何裕隆，中山大学附属第七医院院长、主任医师、教授、中山大学医学院院长，荣获 2015 年"南粤优秀教师"称号、2019 年度"天晴杯"广东医院优秀院长称号、2020 年"广东省抗疫先进个人"称号、2022 年广东省五一劳动奖章。2017 年，秉承中山大学医科"医病医身医心、救人救国救世"的大医精神和中山大学的家国情怀，何裕隆院长带领中山七院团队，全力以赴对云南省临沧市凤庆县开展帮扶工作。

2017 年至今，他先后八次千里跋涉带队到凤庆县人民医院开展义诊、手术、查房、座谈……深入了解凤庆百姓对健康的需求和凤庆县人民医院对医院发展的期望，量身定制帮扶策略。在何裕隆的带领下，中山七院对凤庆县人民医院开展了多方面、全方位、精准化的对口帮扶工作，为凤庆医疗事业发展带去了先进的技术和理念。

"工作机制要再完善，帮扶渠道要再拓宽，帮扶举措要再精准，力争把凤庆县人民医院打造成云南省县域医疗中心！"这是何裕隆对中山七院帮扶工作的要求。

何裕隆在多次亲赴凤庆帮扶后，了解到凤庆县胃癌高发，由于经济落后和人民健康知识的缺乏，很多来医院就诊的胃癌患者已经是中晚期，丧失了手术根治的机会，治疗效果也不理想。针对这种情况，何裕隆院长指出，除了对发现时已处于中晚期胃癌的患者积极做好以手术为主的多学科规范化综合治疗外，还应在社区人群中进行胃癌筛查，做到早发现、早治疗，这对凤庆县老百姓具有更重大、更现实的意义。2019 年 11 月，"胃癌精准化'三位一体'防治项目"在凤庆县人民医院顺利启动。

2019 年 11 月，凤庆县"胃癌精准化'三位一体'防治项目"签约仪式

（来源：附属第七医院）

此外，何裕隆还指导开展了胰十二指肠切除术、腹腔镜结肠癌根治术等新技术、新项目。

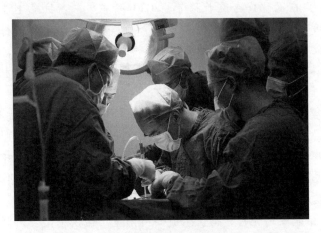

2020 年 6 月，何裕隆参加医院第二季度对口凤庆县人民医院帮扶活动，
在凤庆县人民医院为高龄胃癌患者施行胃癌 D2 根治术
（来源：附属第七医院）

2021 年，云南省科技厅下发《云南省院士专家工作站管理委员会关于建立 2020 年云南省院士专家工作站的通知》，何裕隆专家工作站获批成立，这将进一步发挥出中山七院帮扶专家团对凤庆县医疗卫生和科技事业的支撑作用，带动胃癌早筛防治科研项目快速发展，推动科技成果转化，实现凤庆县卫生健康事业与科研水平提高的共同发展。

何裕隆不断探索精准帮扶模式，解决凤庆百姓"看病难"问题，让凤庆百姓"病有良医"，诠释了"大医精诚"，也让中山大学与云南百姓的情谊更加深厚。

想患者所想、所虑、所需

张常华
（来源：附属第七医院）

人物简介：张常华，中山七院副院长、中山大学医学院外科教研室主任、主任医师、教授。荣获 2020 年度"南粤好医生"、2021 年度"深圳医师奖"。自 2018 年 8 月起，挂职云南省临沧市凤庆县人民医院院长。

张常华任凤庆县人民医院兼职院长的四年里，在何裕隆院长和全体员工倾情帮扶下，中山七院与凤庆县人民医院共同建立了消化医学中心、危重儿童和新生儿救治中心、病理远程诊疗中心、影像诊疗中心，整改了内镜手术室等。凤庆县人民医院医疗业务、技术及服务水平得以快速提升。2020 年 11 月，凤庆县人民医院顺利通过云南省县级三级公立医院评审，成为国家全面提升综合服务能力 500 家县级医院之一。

张常华（右）自 2018 年 8 月起挂职云南省凤庆县人民医院院长
（来源：附属第七医院）

张常华重视人才培养，手把手带教指导当地医生开展消化道肿瘤开放和微创手术治疗、MDT 和 ERAS 综合治疗，让当地患者获得更好的治疗，帮助凤庆县人民打造了一支"带不走"的消化医疗团队。2020 年 9 月 8 日，凤庆县人民医院普外科收治了一位 76 岁的高龄患者，经完善相关检查后，患者被诊断为胃恶性肿瘤，需要手术治疗，但患者及家属对手术非常排斥。眼看患者疾病不容耽搁，张常华按下"加速键"，带领凤庆医疗团队详细而全面地分析患者的病情及制订最佳治疗方案。另一方面，他与患者积极沟通，想患者所想、所虑、所需，化解患者的担忧。患者及家属最后同意进行手术。张常华带领当地医疗团队对患者进行了腹腔镜下胃癌根治术，手术非常顺利。

张常华在凤庆县人民医院
（来源：附属第七医院）

消化道肿瘤是云南凤庆地区的首位癌症死因。对消化道肿瘤进行早诊、早筛、早治疗，是促进健康和预防因病返贫的重要手段。何裕隆和张常华充分利用中山七院消化医学科研团队的优势，引领精准科技扶贫，与云南省凤庆县人民医院签署"胃癌精准化'三位一体'防治项目"，向民众科普胃癌相关知识，建立有遗传倾向的胃肠癌高危家系登记随访机制，提高早诊早治率。该项目已获云南省科技厅的高度关注，并于2021年1月批准成立何裕隆专家工作站；同年，胃癌精准化"三位一体"防治模式的研究获得国家可持续发展示范区科技专项。

中山七院倾情帮扶凤庆县人民医院肿瘤防治项目
（来源：附属第七医院）

打造高水平医疗团队，让凤庆县百姓大病不出县

李明哲

（来源：附属第七医院）

人物简介：李明哲，中山大学临床医学博士、副主任医师、硕士研究生导师。中山七院消化医学中心副主任医师、临床医学研究中心副主任，2021年"中山大学优秀共产党员"。2020年6月至8月派驻帮扶云南省临沧市凤庆县人民医院。

2020年6月，根据中山大学和中山七院工作安排，李明哲光荣成为中山大学对口帮扶云南省凤庆县医疗队的一员，到凤庆县人民医院普外科

进行为期三个月的医疗帮扶工作。

全面提升凤庆县人民医院普外科的医教研水平，为其打造一支高水平医疗团队，让凤庆县百姓能够就近享受高质量的医疗服务，实现大病不出县，是李明哲此行的目标。他将先进的治疗理念带到凤庆，依据国内外最新诊疗指南制定了胃肠肿瘤诊治规范，对胃肠肿瘤的围手术期处理、营养筛查和治疗、加速康复外科等流程进行了梳理，带领普外科团队开展了规范化胃癌 D2 根治术、低位直肠癌保肛手术、胃肠间质瘤手术等多项规范化胃肠肿瘤根治术。

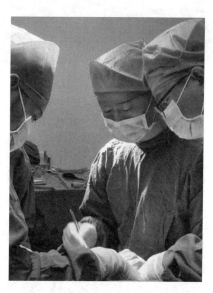

李明哲（中）实施开展规范化胃肠肿瘤根治术
（来源：附属第七医院）

李明哲在凤庆县人民医院全面推广加速康复外科理念，促进临床与科研深度融合。科研是凤庆县人民医院普外科的一大短板，基本上处于空白状态。李明哲根据普外科常见疾病为急性阑尾炎等急诊手术的特点，通过临床与科研结合的形式，将加速康复外科理念融入急诊手术当中，成功在中国临床试验研究中心注册并开展实施了凤庆县人民医院第一项临床研究项目"加速康复外科在急诊腹腔镜阑尾切除术中的有效性及安全性研究——一项单中心随机对照研究"。通过临床与科研相结合的方式，全面推广加速康复外科理念，不仅填补了科室临床研究方面的空白，也减少了住院患者的并发症，缩短了平均住院日，降低了患者的住院费用，提高了医疗质量和患者满意度。

李明哲推广加速康复外科理念

（来源：附属第七医院）

李明哲定期下乡开展义诊，积极推动中山七院何裕隆院长布局的凤庆县"胃癌精准化'三位一体'防治项目"，旨在通过对胃癌的早筛早治，提高胃癌患者的治疗效果和生存率。

李明哲在凤庆推广"胃癌精准化'三位一体'防治项目"

（来源：附属第七医院）

为滇西人民传递科普星火

方烁

（来源：附属第七医院）

人物简介：方烁，医学博士，中山七院副主任医师，多次获评抗疫模范、优秀医师、优秀党员，中国红十字基金会"公益先锋人物"、深圳市"菁英人才"青年医学人才、"深圳最美巾帼战疫人"等荣誉。2020 年起多次随中山大学及中山七院帮扶团队派驻云南省临沧市凤庆县人民医院进行医疗帮扶，2021 年 6 月至今持续为凤庆县进行科普帮扶。

2020 年 10 月，方烁受学校选派，代表中山七院参加中山大学 10 家附属医院联合帮扶活动，深入云南澄江市和凤庆县基层医院进行医疗帮扶，将先进的医疗诊治技术带给滇西人民。她在义诊现场遇到的有 10 岁的留守儿童，因缺乏基础卫生知识，生殖器严重感染延误治疗落下终身遗憾；有年轻的女子，患早期肺癌未主动求医，两年后多发转移合并严重并发症回天乏术……"如果有基本的医疗健康常识，早诊早治，很多悲剧根本不会发生。"每每谈及这些令人惋惜的病例，她都眼圈泛红、心痛哽咽，这段经历让她更加坚定了扎实投身乡村医疗帮扶和健康科普的决心。

从那以后，方烁一直努力践行，扎实帮扶。协助凤庆县人民医院新建的肿瘤科开展肿瘤精准诊疗技术，建立规范化诊治流程，开创无痛、无呕、无栓特色"三安"病房，推广早癌筛查和"治未病"健康理念，用扎实的医疗专业知识和实践技术对新建科室的短板实现"造血式"帮扶。

"帮扶要帮到根上，乡村留守百姓很多还不会使用电子产品，偏远地区常为线上科普死角，我们只有真真正正走进基层，开展科普讲座，进行医学宣教，深入义诊……通过多种方式吸引老百姓，才能真正做到'无死角扫盲'，普惠大众。"她是这样说的也是这样做的，除了对医院的专业医疗帮扶，方烁还在凤庆县全力推广健康科普。

2020年6月起，方烁牵头在凤庆县青树中心学校设立方烁科普工作站，她到凤庆县各大学校对师生和家长进行深入调研，针对当地留守儿童多、疾病预防卫生知识匮乏等特点，分层分类精准高效打造群众急需的健康科普主题。科普涵盖从生理健康到心理健康等一系列问题，将生命健康教育（线上、线下）作为工作站的工作内容，组织中山七院专家团队开展线上、线下健康科普讲座活动，将中山七院的专业知识和爱心定点到乡村，将科普工作站和中山大学及中山七院的定点帮扶联系起来，让乡村医疗健康科普更具校、院、地特色和示范意义。她引导当地教育工作者重视生命健康教育，形成稳定可持续发展的青少年医学健康科普平台。线下课程已开展18讲；线下健康筛查包括青少年视力、脊柱侧弯筛查及心理辅导，已开展18场次，受益师生近6000人；线上科普讲座每周一次，参与师生共近2000人，深受当地群众的欢迎和喜爱。

方烁科普工作站凤庆县校园医学科普与健康教育巡讲
（来源：附属第七医院）

依托中大医科和中山七院优质资源平台，方烁竭尽全力为基层医院输送医疗技术，为滇西人民传递科普星火，通过医疗科普下乡，助力"健康中国"行动实现滇西山区乡村发展，持之以恒地打造教育部直属高校服务乡村振兴创新示范点。中山七院方烁科普工作站正多措并举、不断创新、丰富载体、厚植根基，由点到面拓宽辐射人群，逐步把健康科普工作推广到凤庆县更多的学校、社区、村委会、机关单位，致力于凤庆县社会发展和全民健康素质的提升，让医学健康知识和理念普惠凤庆民众，真正地为偏远地区群众的健康生活保驾护航，诠释和践行着中大人的家国情怀。

孜孜不倦，不断推进脱贫攻坚工作

黄张森

（来源：附属第七医院）

人物简介：黄张森，博士，中山七院助理研究员，2021 年 10 月至 2022 年 4 月派驻帮扶云南省临沧市凤庆县人民医院。

2021 年 10 月，黄张森前往凤庆县人民医院"何裕隆专家工作站"开展派驻帮扶。到凤庆县人民医院后，他立即深入调研，发现胃癌是凤庆县发病率最高的恶性肿瘤，而且确诊时 90% 以上患者已处于进展期，错过最佳治疗时机，甚至有些患者在确诊为晚期胃癌后就直接放弃治疗，这让他感触颇深，也意识到开展胃癌早筛这份工作的重要性和必要性。

心中有责，步履不停。黄张森参考了中山七院消化医学团队和我国早期胃癌筛查流程，并结合凤庆当地的实际情况，着手建立调查问卷—血液检测—胃镜"分步走"早期胃癌筛查方案。为有效加快胃癌早筛项目的推进，他带领工作站科研团队，不辞辛苦地奔波于各乡镇村卫生院，对筛查问卷和标本采集存储进行了实地考察，并对村医提出的问题进行了详细的解答，确保项目顺利开展。同时到凤庆县中医医院进行早期胃癌筛查项目的宣传，并和凤庆县中医医院一同开展胃癌早筛项目，提升早期胃癌检出率，改善患者预后。截至 2022 年 3 月中旬，共收集 39042 份问卷结果，并且已初步完成胃癌危险因素评分分析，下一步将对调查问卷结果中的高风险人群进行血液检测。胃癌早筛项目获得云南省科技厅的高度关注，黄张森协助申请的"胃癌精准化'三位一体'防治模式研究"获得 2021 年临沧市国家可持续发展示范区科技专项，开创了凤庆县医疗卫生行业高质量科研项目的先河。

黄张森等在"两会"期间进行胃癌早筛宣传
（来源：附属第七医院）

科研一直是凤庆县人民医院的"短板"，为补"短板"，黄张森不断和消化医学中心以及肿瘤科医护人员进行交流学习和答疑解惑，并充分利用中山七院的科研优势，通过分工协作，培养临床、科研两栖人才，提升凤庆县人民医院的科研水平，做到科研项目来源于临床，回归临床，最终服务临床。目前，他已搭建胃癌随访团队，建立科研随访数据平台，通过随访更全面了解胃癌在凤庆的治疗及预后现状，并以点带面，将科研思维辐射至整个凤庆县人民医院。

黄张森把严谨踏实的科研态度和孜孜不倦的求知精神留在了凤庆县人民医院，还为凤庆县人民医院建立了规范的胃癌筛查流程以及一个带不走的科研平台，科室的科研能力得以不断延续和提升。他用实际行动真正诠释和践行着中大人的家国情怀。

黄张森进行胃癌早筛宣讲
（来源：附属第七医院）

（作者：中山大学附属第七医院）

蒋小云、巴宏军、张军：
"造血式"帮扶，培养带不走的医疗队

　　援助一地，就要在当地留下一支强大的医疗团队。作为医疗"国家队"，中山大学附属第一医院通过建立基层专家工作站、"组团式"帮扶、柔性帮扶等方式对凤庆进行"输血＋造血"式帮扶，蒋小云、巴宏军、张军等儿科团队坚持不懈地努力，为云南省临沧市凤庆县人民医院儿科的发展注入了新活力，切实提升了基层儿科医疗服务能力。

建立基层专家工作站，注入儿科发展新活力

蒋小云
（来源：附属第一医院）

　　人物简介：蒋小云，主任医师、教授、博士生导师，附属第一医院儿科主任。

　　2018 年 11 月 20 日，中山大学附属第一医院与凤庆县人民医院签订了蒋小云专家团队工作站合作共建协议，并建立蒋小云专家团队工作站。

结合县域内儿童肾病高发情况和蒋小云的自身优势，发展儿童肾病风湿亚专科，努力打造凤庆儿科在肾病风湿专科方面的优势。

2020年5月30日至6月5日，附属第一医院蒋小云携其专家团队进驻凤庆县人民医院儿科。在前期帮扶过程中，蒋小云了解到医院在创建危重儿童和新生儿救治中心的过程中缺乏设备，她积极联系爱心企业通过凤庆县红十字会无偿捐赠一批价值18.6万元的仪器设备。本次持续帮扶，工作站专家团队蒋小云、李晓瑜、刘晓红共同对凤庆县人民医院儿科的学科建设、人才队伍培养、基础设施建设等方面进行了全方位的指导和帮扶。针对科室转院的重点病种进行培训，结合科室人员结构，通过实地授课、带教查房、疑难病例讨论，以重点培养、单独带教等方式，提升医生临床思维能力，培养其熟练应用临床诊疗指南，带动提升其职业荣誉感和成就感，通过义诊、线上会议促进凤庆人民医院儿科在儿科界的交流。蒋小云专家团队担当好助推健康扶贫的桥梁纽带，变"输血"为"造血"，带动提升县人民医院儿科的医疗水平。

2018年中山大学附属第一医院蒋小云专家团队工作站在凤庆县人民医院儿科建站
（来源：凤庆县人民医院）

蒋小云、巴宏军、张军：" 造血式" 帮扶，培养带不走的医疗队

2020 年蒋小云专家团队联系爱心企业通过凤庆县红十字会无偿捐赠一批
价值 18.6 万元的仪器设备
（来源：凤庆县人民医院）

新生儿窒息复苏是导致全世界新生儿死亡、脑瘫和智力障碍的主要原因之一。为提高县域内儿科医生的新生儿复苏技能，提高新生儿的抢救成功率，改善新生儿远期预后，降低区域内新生儿死亡率，2021 年在蒋小云等教授们和县医院领导班子的支持下，成功在凤庆县人民医院举办了县级新生儿复苏技能培训班，共有县域内产儿麻医护 50 余人参加。讲解了新生儿复苏的理论，分步演示了复苏技能，演示了" 羊水Ⅲ度浊" 案例抢救，最后每个参会的产儿麻医护都顺利通过了考核。通过这次培训，当地医护人员了解和掌握了一项重要技能，新生儿复苏技能——这关系一生的生命最初 10 分钟的抢救技能，参与培训的医护最后终于有底气说：我以后可以胜任抢救新生儿的任务了。

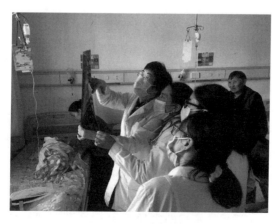

蒋小云带教查房
（来源：附属第一医院）

精准帮扶，提升当地医疗技术水平

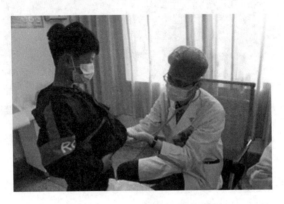

巴宏军
（来源：附属第一医院）

人物简介：巴宏军，医学博士，硕士研究生导师，附属第一医院心儿科主治医师，2021年3月至5月进驻云南省临沧市凤庆县人民医院儿科开展为期三个月的定点帮扶。

凤庆县人民医院院长李海为巴宏军（右）颁发荣誉证书及感谢状
（来源：凤庆县人民医院）

出发前，巴宏军对凤庆县医院儿科的情况进行了初步了解：全县有10万名儿童但有儿科执业资格的医师不足10人，且主要集中在县人民医院，全县的儿童危急重症均集中在县医院，然而由于技术力量不足，儿科病人转诊到临沧和昆明的数量较多，遗憾的是因交通问题，部分危重患者在转运途中死亡。所以作为首批援助的儿科医生，巴宏军深感责任重大，决心尽己所能为当地儿童的健康保驾护航。

巴宏军抵达凤庆县人民医院后，担任儿科挂职主任，在原科室主任协助下，全面指导科室工作。帮扶期间，巴宏军充分发挥自己的专业特长，积极主动地投入医疗教学、技术帮扶工作中，参与临床一线，进行带教查房、组织各种操作示范，参加危重患儿的抢救和疑难病例的讨论，每周出专家门诊。除了参与科室日常工作外，平日他手把手带教年轻医生，帮助年轻医生在有限的药物和检查手段下尽量提供患儿及家属都满意的诊疗措施。授人以鱼不如授人以渔，他通过与科室医生相互探讨临床工作经验，耐心地解答各种疑问，更新科室理念，针对特殊病例制定符合县域本土的诊疗规范，以 PPT 讲义、现场教学的形式定期进行业务培训，使科室医务人员的操作技术和理论水平得到进一步提高。他指导新生儿医护团队成功完成县域内首例出生体重只有 1200g 的极低出生体重早产儿脐静脉置管术，保障了患儿静脉营养的供给，填补了凤庆县人民医院乃至凤庆县早产儿脐静脉置管的技术空白，规范了各种应急重症急救流程、诊疗思路，提升了医疗质量。

巴宏军针对特殊病例制定符合县域本土的诊疗规范，
以现场教学形式定期进行业务培训
（来源：凤庆县人民医院）

　　赠人玫瑰，手有余香。在短短 3 个月的帮扶工作中，巴宏军主治医师和当地儿科医生建立了深厚的感情，他有问必答、有事必帮。虽然帮扶工作结束了，但建立起的桥梁没有中断，帮扶工作结束后他仍对当地儿科医生进行远程会诊指导，毫无保留地将自己的专业知识传授给帮扶医院的医生，全方位提高医护人员的业务水平。

医疗帮扶是一场暖心的考验

张军（前排左二）

（来源：附属第一医院）

　　人物简介：张军，附属第一医院儿科主治医师，2021 年 6 月至 8 月，在云南省临沧市凤庆县人民医院儿科开展为期三个月的定点帮扶。

　　医疗帮扶不断线，帮扶工作紧相连。2021 年 6 月，在张军成为凤庆医院儿科"编外全职医生"的第一周，她全面仔细地调研了普儿门诊、普儿病区的病种和诊治情况，以及新生儿复苏和新生儿抢救措施中存在的不足，制订了帮扶的重点和计划。从早交班开始，改变了以前低效的交班模式。在每天在交完班后，开展对常见疾病，例如上呼吸道感染、鼻窦炎、腹泻病、支气管肺炎、支气管哮喘等常见病的指南、共识学习，并建立了有当地特色的诊疗常规，留底置入文件夹，便于每次翻阅再学习。而对于罕见病的辨识，则是抓重点，找突破口，例如恙虫病的"焦痂"，川崎病球结膜充血的"反日征"，腺病毒感染的"反复高热＋抗生素无效"，伤寒的"相对缓脉"等。同时梳理各种疑难症状的诊疗流程图，便于医生们按图索骥，快速找到病因，采取最及时有效的治疗，全面提高医生们对于常见病的规范诊疗能力和罕见病的辨识能力。

张军发现这里的医生绝大多数不会新生儿气管插管，且对复苏流程不熟悉。因此，她每周组织医护人员，利用新生儿复苏模型，练习临床常见案例，例如早产儿、胎心慢的足月儿、羊水浊的足月儿、母亲子痫的新生儿等，练习正压通气、气管插管、心脏按压等基本的操作技能，学习新生儿复苏流程。有些护士对于按压节奏掌握不好，张军专门下载节拍器，让他们按照节拍器的节奏来练习，鼓励他们反复多次练习，找到节奏感和手感。张军还拍摄了新生儿复苏操作视频，便于大家反复观看，反复练习，提高技能。

在县级新生儿复苏技能培训班上，张军为现场学员讲述复苏流程
（来源：凤庆县人民医院）

另外，张军还组织了医生、护士的新生儿复苏案例考核。医生的考核案例是最常见的也是最重要的"羊水Ⅲ度浊、胎心慢"的案例，她让医生们反复多次练习，从而做到上台抢救的那一刻可以有条不紊，实施高效复苏，以提高复苏成功率和减少复苏后器官功能损伤。而护士们的考核案例是"奶液呛入致窒息"的案例，从清理气道到气管插管、心脏按压，

也让护士们增加复苏经验和技能，以便在今后工作中，更好地配合医生，做到心中有数，抢救有底气。经过两个多月的强化培训，所有医务人员的新生儿复苏考核均通过。目前已有四名医生可以独立为真人新生儿实施气管插管，争取到了新生儿复苏的黄金时间，大大提高了新生儿复苏时效性和成功率。

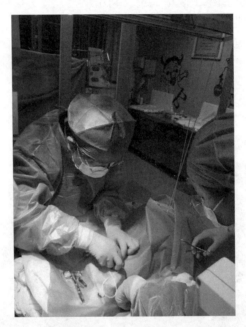

张军携凤医同仁，给患儿行脐静脉置管术
（来源：凤庆县人民医院）

张军刚到医院的第一周，就遇到了足月新生儿肺出血、重症肺炎、急性呼吸窘迫综合征的大抢救。她沉着冷静地指挥着抢救，气管内滴入肾上腺素，调高呼吸机参数维持氧合，申请输血，扩容，补碱，上多巴胺，再开通一条静脉通道……当病人稍微稳定下来时，已经是凌晨1点，大家都忙得满头大汗。此刻万籁俱寂，只有病房监护仪"嘀嘀嘀"的声音，还有呼吸机送气的声音。可是，病人的抢救还未结束，张军带着儿科医生们，接下来又给这个孩子行脐静脉置管，开通了这条深静脉通道等于开通了生命线，这样，所有的药物就不再愁没有通路进入了。在第三天，这个孩子肺部的活动性出血终于停止了，考虑到气管内分泌物多了，肺部的 X 线提示肺部渗出，炎症指标 CRP、PCT 也高，且呼吸机参数还是很高，为了减少肺部损伤，她给患儿上了高频震荡通气，渐渐孩子的肺部感染得到控制。最终，这个孩子在张军的指导下，在所有医务人员的通力配合下，在住院三周后顺利出院，没有任何肺部、脑部的后遗症，这多么令人欢欣鼓舞！在出院时，孩子父母拉着张军的手，泣不成声，他们说："是您给了我们孩子第二次生命，是您给了我们家庭希望，是您给我们凤庆县儿童带来希望，感谢有您！"

短短三个月，张军将凤庆县普儿、新生儿大部分常见病和多发病的诊疗流程都进行了规范，反复对科室的医务人员进行新生儿复苏培训及考核。目前新生儿复苏抢救成功率达到 100%，新生儿窒息复苏、急危重症的救治技能得到了很大的提高。同时，张军还针对科室新开展的性早熟与矮小症的治疗进行了更细致的讲解与指导，使科室对该病症的了解更为透彻、诊疗更为规范。她所带来的理念和医疗技术为儿科的发展注入了新活力，切实提高了凤庆县人民医院儿科诊疗水平。

张军成功救治的新生儿父母在复诊时送来锦旗
（来源：附属第一医院）

（作者：中山大学附属第一医院）

孔亚楠、邢蔚：家门口的中山医

为响应党中央、国务院和教育部统一部署和要求，进一步落实中山大学医疗卫生对口帮扶云南省临沧市凤庆县工作，结合凤庆县医疗脱贫攻坚的需要，2020年，中山大学肿瘤防治中心乳腺科、手术麻醉科等团队赴云南省凤庆县人民医院精准深入地开展帮扶工作。其中涌现了孔亚楠、邢蔚等同志的典型事迹，他们守护生命健康，在扶贫路上书写了中大人的家国情怀。

解决患者的实际问题，将传帮带落实到日常工作中

孔亚楠
（来源：肿瘤防治中心）

人物简介：孔亚楠，肿瘤学博士，中山大学肿瘤防治中心乳腺科副主任医师，硕士研究生导师。2020年5月至11月期间随中大医疗队派驻帮扶云南省临沧市凤庆县人民医院，担任医疗队队长，挂职凤庆县人民医院普外科主任。

凤庆是云南省临沧市下属县，地处祖国西南边陲山区，交通欠发达，当地居民因经济贫困和交通不便等因素欠缺肿瘤早筛早查意识，晚期肿瘤患者居多，有机会接受规范化治疗的患者较少。到凤庆的第二天，孔亚楠便接诊到一位局部晚期乳腺癌患者洪大姐。患者右侧乳腺有拳头大小的肿物，橘皮征伴有同侧腋窝淋巴结肿大；经穿刺活检确诊为乳腺癌，所幸影像学检查并没有发现全身其他部位存在转移。

通过仔细询问病史，得知早在一年前洪大姐便已发现右乳有板栗大小肿物，但一直没有重视，直到近期肿瘤生长迅速引起乳房变形，才来医院就诊。洪大姐焦急万分，一直询问自己是否已经没有机会进行根治手术治疗。

孔亚楠安慰洪大姐不必担心，尽管目前情况还不适合手术，但并不意味着失去了手术机会，现在有一种被称为"新辅助治疗"的治疗方法，可以先根据肿瘤的分子指标选择有效的化疗药物，通过新辅助治疗将肿瘤缩小后再做手术。

听了孔亚楠的解释洪大姐悬着的一颗心似乎放下了不少，但她紧接着又对化疗产生了疑惑，询问副作用是否很大，身体能否承受，是否一定能产生效果。在孔亚楠对化疗的原理、副作用以及影响化疗疗效的因素仔细解释之后，洪大姐终于放心同意接受新辅助化疗。经过两个疗程的新辅助化疗后，洪大姐的肿瘤已经部分缩小，她对自己的病情又恢复了信心，表示会继续积极配合医生完成后续治疗。

另一名门诊患者杨大姐也给孔亚楠留下了深刻的印象，她一进诊室就向孔亚楠询问这里是否可以进行靶向药物曲妥珠单抗治疗。经过仔细询问病史并查看病历资料，得知原来她患有 HER2 阳性型乳腺癌，已在云南省省会昆明进行了手术、化疗和六程的靶向治疗。但患者居住凤庆，往返昆明治疗需要八小时车程，极为不便。省内异地医疗报销比例的差异，再加上交通食宿费用，给患者造成了沉重的经济负担，使本来就不富裕的家庭雪上加霜，如果能在凤庆当地治疗将会让她节省一大笔费用。

了解到这一情况后，孔亚楠立即向科室及药房询问了靶向药物曲妥珠单抗的情况，遗憾的是医院药房并没有这种药物。为了解决这一问题，她向科室及医院领导报告了患者的情况，并说明曲妥珠单抗是 HER2 阳性乳腺癌的基础治疗常用药物，对提高患者的生存具有重要意义。科室及医院领导非常支持，当即表示尽快将曲妥珠单抗调入该院药房，以解决 HER2

阳性乳腺癌患者的治疗难题。在大家的努力下，杨大姐进行下一次治疗的时候，就可以不必长途跋涉颠簸劳累，在家乡接受与国内外先进地区同步的治疗了。这件事情使孔亚楠感受颇深，让她不仅深切感受到贫困边远地区群众看病治病的困境，也更让她觉得重任在肩，责无旁贷，哪怕能为一部分患者解决实际问题，大家的工作就是有意义的。

凤庆县人民医院开展的第一例乳腺癌前哨淋巴结活检术，是孔亚楠为一位72岁患有乳腺癌的阿婆进行的。前哨淋巴结是乳腺癌淋巴转移的第一站，前哨淋巴结活检可以避免不必要的腋窝淋巴结清扫，缩小手术范围，降低术后手臂活动功能障碍和淋巴水肿的发生率，在不影响疗效和患者生存的同时，能够明显提高生活质量。

考虑到患者年龄较大且伴有高血压，术前影像学检查及体检未发现可疑淋巴结，符合前哨淋巴结活检的适应症。如果进行传统的腋窝淋巴结清扫术，对于72岁的老年人损伤较大，术后恢复慢，可能会造成日后生活不便。由于前哨淋巴结活检术对染料的注射及切口的选取有较高的要求，在手术过程中，孔亚楠一边操作一边向凤庆县人民医院普外科的同事们详细地讲解。通过观摩，普外科的同事们对前哨淋巴结活检有了基本的认识和了解，对这一技术产生了浓厚的兴趣，不少人表示以后会更多地为早期乳腺癌患者开展前哨淋巴结活检术。

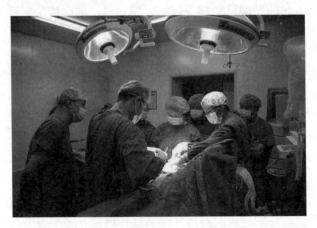

孔亚楠（右四）为凤庆县人民医院普外科进行乳腺癌手术演示
（来源：肿瘤防治中心）

作为医疗队队长，孔亚楠在工作之余积极组织党日活动。医疗队利用周末前往中山大学挂职干部蓝澍德担任驻村第一书记的红塘村参观扶贫成果，开展爱国主义教育。通过此次参观，孔亚楠和同事们亲眼看到了贫困县翻天覆地的变化，看到中大人的家国情怀，深刻感受到党中央带领全国人民打赢脱贫攻坚战的决心，感受到老百姓对党的信任和发自肺腑的热爱。

医疗队在红塘村参观后合影
（来源：肿瘤防治中心）

在帮扶的半年时间里，孔亚楠已深深地与凤庆融为一体，同呼吸、共命运，凤庆也已深深地刻进她的生命里。"不负韶华，只争朝夕"，她没有辜负中大、医院和全体凤庆人民的期望，切切实实为凤庆的老百姓做好事，做实事。不忘初心，牢记使命，学以致用，脚踏实地，她协助凤庆县人民医院提高肿瘤规范化诊疗水平，为保障凤庆人民的生命健康，建设幸福凤庆、健康凤庆贡献了自己微薄的力量。

孔亚楠（右二）在鲁史镇卫生院查房，为一名胸痛急诊患者解读心电图
（来源：肿瘤防治中心）

"浩渺行无极，扬帆但信风"，孔亚楠坚信，凤庆的明天一定会更美好！

水云谣——帮扶情

珠江水畔，彩云之南；	脱贫攻坚，决胜之年；
纵隔千里，情深意绵。	身披战甲，荣光无限。
中大精神，家国情怀；	互通有无，坦诚相见；
心系凤庆，饮水思源。	学以致用，敢为人先。
工农政商，一脉相连；	肿瘤防治，任重道远；
文教卫生，薪火相传。	早查早筛，诊治规范。
脚踏实地，深耕六年；	牢记使命，初心不变；
硕果累累，捷报频传。	全民健康，必将实现。

补短板、育人才，她带出了一队生力军

邢蔚
（来源：肿瘤防治中心）

人物简介：邢蔚，中山大学肿瘤防治中心副主任医师，麻醉科临床秘书，医学博士，博士生导师（学术型）。2020 年、2021 年连续两年获评"中山大学肿瘤防治中心优秀员工"。2019 年 5 月至 11 月派驻帮扶云南省临沧市凤庆县人民医院。

邢蔚发挥围术期麻醉相关超声应用的专长，与凤庆县人民医院麻醉科同事一起完成了首例超声引导下胸椎旁神经阻滞镇痛下的肾切除术，缓解患者术后疼痛；完成了首例骨科儿童胫腓骨骨折的术前神经阻滞留管镇痛，让患儿在无痛苦的状态下完成了石膏外固定和核磁共振、CT、彩超等必要的术前功能检查；采用超声引导下腹壁神经阻滞的麻醉新技术，协助外科医生完成了首例神经阻滞麻醉下的腹膜透析置管术，解决了肾透析患者常规使用了抗凝药物后，采用椎管内麻醉出血风险高的问题，既满足了手术需要，又降低了麻醉风险。

"我的任务就是把舒适化医疗带给凤庆人民"，邢蔚说。诊疗过程舒适化的优点不仅仅在于使患者看病有尊严，还能降低患者恶心、呕吐、呼吸困难、心律失常、血压升高、恐惧焦虑等发生率。她积极开展业务培训，还利用现有的超声设备，进行超声可视化教学，把加速康复外科理念推向基层。由于临床获益明显，超声引导下神经阻滞这一麻醉新技术在凤庆县人民医院正在广泛推行，麻醉相关的舒适化、可视化医疗正在逐步变为现实。

邢蔚争取到迈瑞公司将一台新型麻醉专用超声机投放到凤庆县人民医院供麻醉科免费长期使用，并为了促进双方长期合作，将该科办成滇西南地区基层麻醉科超声教学培训基地。在邢蔚的联系下，2019年9月6日至8日，中山大学肿瘤防治中心麻醉科主任曾维安和孙逸仙纪念医院麻醉科主任曹铭辉率领广东省抗癌协会肿瘤麻醉与镇痛分会的六位专家来到凤庆，为凤庆县人民医院麻醉科承办的临沧市麻醉学年会带去麻醉专家的支持。邢蔚与凤庆县人民医院麻醉科共同设计研发了一种超声引导下桡动脉穿刺练习装置，并取得了与深圳迈捷生命科学有限公司的合作，共同提交了实用新型专利和发明型专利的申请，并成功获批。该练习装置的实际生产也进入了工业设计阶段。

2019年9月18日，在中山大学的统筹安排下，肿瘤防治中心刘卓炜副院长率领专家团队八人，与中山大学各附属医院医疗队一并来到赴凤庆县开展实地调研以及义诊医疗帮扶活动。中山大学党委副书记国亚萍探望慰问了驻点帮扶医疗队员，详细了解临床工作、下乡义诊、引导开展新业务、学术交流及授课等情况，以及医疗队员的生活环境和生活中的困难，充分肯定了派驻医疗团队的帮扶成绩。

中山大学党委副书记国亚萍与派驻到凤庆县人民医院的医疗专家合影
（从左至右依次为：曹务腾、李永浩、国亚萍、邢蔚、蔡华雄）
（来源：肿瘤防治中心）

中山大学党委副书记国亚萍慰问凤庆县人民医院医务工作者和下沉医生
（右二为邢蔚）
（来源：肿瘤防治中心）

半年时光，邢蔚留下的是精湛的专业技能、温婉的人文关怀、和谐的医患愿景。她表示，能为县医院、为当地贫困老百姓做一点力所能及的事情，她感到非常光荣，今后也会更加出色地完成工作，不辱使命。吃苦耐劳、严谨治学、精益求精的她，其工作作风和敬业精神深刻地影响着凤庆医护者。在凤庆县人民医院麻醉科的点点滴滴，也让这段如兄弟姐妹般的情谊绵延至今，越发深刻。

（作者：中山大学肿瘤防治中心）

赖菁、湛海伦：倾情奉献，守护生命健康

早在 2016 年，中山大学附属第三医院便曾派出技术力量雄厚的巡回医疗队赴云南省临沧市凤庆县开展医疗帮扶工作，得到了当地群众和凤庆县人民医院医护人员的一致好评。2020 年，附属第三医院感染性疾病科、泌尿外科精准深入地开展对凤医的帮扶工作，其中涌现了赖菁、湛海伦同志的先进事迹，他们倾情奉献，在祖国最需要的地方守护生命健康，在扶贫路上书写了中大人的家国情怀。

倾情凤庆，精准帮扶感染病学

赖菁

（来源：附属第三医院）

人物简介：赖菁，临床医学博士，中山大学附属第三医院副主任医师，2020 年 5 月至 8 月派驻帮扶云南省临沧市凤庆县人民医院感染科。2020 年获评"中山大学附属第三医院社会服务贡献奖"。

　　赖菁结合凤庆感染病的特点，着力提高科室危重症救治水平，规范每周开展科内医疗查房和每月开展两至四次疑难病例讨论。

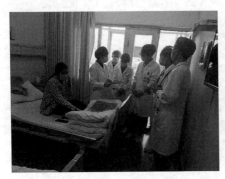

左图：赖菁在病房查房；右图：赖菁给感染科医护授课
（来源：附属第三医院）

　　赖菁把中山大学的优质讲台、优良学风带到凤庆，把医学教学渗透医疗工作的全过程及方方面面，言传身教，做好"育人"工作。她主持每周二晚上的科室业务学习，结合中山大学感染病学教研室赠送的教材《感染病学》中文、英文版和《内科护理学》，以及科室临床工作、感染病学科新进展，讲授《慢性乙型肝炎防治指南（2019年版）》、抗生素合理使用基础系列课程，点评运行病历。

赖菁（左七）与队友们在帮扶期满总结座谈会上合影
（来源：附属第三医院）

随着医疗质量的提高，感染科科室业务量和收治服务病人数量不断上升。出院病人由 2020 年 5 月的 54 例，递增至 7 月的 88 例。危重症病例的收治由 5 月的 2 例，达到 6 月的 13 例，包括危重型恙虫病、多器官功能衰竭、DIC 等。相关工作在凤庆新闻网、《临沧新闻联播》及《人民日报》客户端云南频道均有报道，对科室的宣传和构建感染科重症监护病房起到了助力作用。

赖菁深知扶医扶志，要做深"学问"。她建议并支持医生设计出凤庆县丙型病毒性肝炎长期随访系统，指导科室医生护士收集和整理患者资料，撰写稿件并获 2020 年中华医学会两大重要年会接收。

赖菁把规范的医疗查房流程、重症病人救治方法和科学的教学经验留在了凤医，还为凤医感染科搭建起医学研究平台，科室能力得到不断延续和提升，践行着中大人的家国情怀。

医者情怀：接过脱贫攻坚的旗帜，到祖国最需要的地方去

湛海伦
（来源：附属第三医院）

人物简介：湛海伦，医学博士，中山大学附属第三医院泌尿外科副主任医师，硕士研究生导师，中国农工民主党中山大学基层委员会中山三院支部主任委员。2021 年 3 月至 6 月、2022 年 1 月至 2 月，派驻云南省临沧市凤庆县人民医院泌尿外科开展帮扶工作，挂职泌尿外科主任。获 2021 年度"中山大学附属第三医院社会服务贡献奖"，其家庭获 2021 年广州市十大"文明家庭"称号。

湛海伦出生于粤西一个偏远的小山村，是村里走出来的医学博士，对于偏远山区老百姓看病难的境况，有着切身的理解。当中山大学组建第三批"组团式"援助凤庆县人民医院时，需要泌尿外科医生，湛海伦便欣然接下了工作任务。作为医者，他更愿意身体力行地为改善山区医疗水平贡献自己的力量。2021年3月进驻凤庆，他不负使命，扎实开展各项健康帮扶工作，为当地带去了新技术、新理念、新项目，深受当地百姓欢迎。他在当地媒体的采访中说："我也是从山区农村里出来的，现在有能力，更愿意回到山区帮助更多的人，包括帮助病人，帮助我们的同行。"

湛海伦在凤庆县人民医院挂职泌尿外科主任，一上任便全面了解科室现状并迅速融入工作中去。他坚持每周出门诊，坚持每天参加晨交班和查房，指导疑难病例诊治，规范科室常见病多发病诊疗，还经常到手术室现场指导住院医生手术，规范医生手术操作，使科室年轻医生的手术水平得到显著提升。

在滇期间，他带领泌尿外科同事一起完成多项该院历史上泌尿外科首例手术，并开创了凤庆县域泌尿外科多项手术先河，填补了当地多项技术空白，如腹腔镜下肾部分切除术、腹腔镜肾癌根治术、腹腔镜膀胱癌根治术、腹腔镜前列腺癌根治术、经会阴前列腺穿刺活检术、腹腔镜下输尿管损伤一期修复术、输尿管软镜术等。让当地老百姓足不出县就能享受到国内顶尖医疗服务，也为凤医的泌尿外科微创腔镜治疗技术带来新的发展机遇，凤庆县人民医院泌尿外科也因此得到飞速发展。

左图：湛海伦（左三）带领团队主刀完成当地首例腹腔镜肾部分切除术　　右图：湛海伦（右一）带领团队主刀完成当地首例全膀胱切除与回肠膀胱术

（来源：附属第三医院）

尽管工作繁忙，湛海伦仍然坚持每周在科里开展业务学习，举办学术讲座，把泌尿外科手术的每项手术方式和要点、手术经验倾囊相授，努力锻造出一支带不走的队伍，切实达到了技术帮扶的效果。

坚持每周业务学习是湛海伦锻造一支带不走的队伍的法宝
（来源：附属第三医院）

湛海伦还积极参与凤庆县人民医院多场志愿义诊活动，把优质医疗服务带给更多老百姓。业余时间他还进行科普视频创作，通过微信视频号平台和抖音平台，把科普知识带给凤庆人民群众，并受邀至凤庆县电视台《茶乡医话》栏目直播间，在节目中讲述关于泌尿系结石的知识，惠及广大百姓。

湛海伦受邀至凤庆县电视台进行科普教育
（来源：附属第三医院）

根据医院工作安排，湛海伦于 2021 年 7 月进藏承担起附属第三医院对口支援察雅县人民医院的医疗帮扶任务。当 2022 年 1 月，历时半年的援藏任务结束后，湛海伦再回到凤医继续执行帮扶任务时，他发现凤医泌尿外科的每一位医生的进步都非常大，科室业务能力实现了质的提升。湛海伦开心地笑了。这里是他为之投入精力、为之倾注情感、为之挥洒汗水、为之努力奋斗的凤庆县人民医院，它正在茁壮成长，并开出医疗帮扶的花，结出医疗帮扶的果。与凤庆人民结下的深厚情谊，是湛海伦一辈子最美好的回忆，这情谊还将延续下去并不断深化。

（作者：中山大学附属第三医院）

刘良平：青年党员办实事，勤恳奉献护光明

刘良平（左一）
（来源：中山眼科中心）

人物简介： 刘良平，中山大学中山眼科中心白内障科主治医师。2021年7月至12月在云南省临沧市凤庆县人民医院开展派驻医疗帮扶工作，获评中山眼科中心"2021年防盲贡献奖"。

2021年7月，中山眼科中心选派白内障科刘良平主治医师加入中山大学云南凤庆"组团式"帮扶医疗队，赴云南省临沧市凤庆县人民医院眼科进行为期半年的定点帮扶，服务凤庆县眼科患者，并担任眼科挂职主任，承担全科室的带教、手术、培训等医疗工作。

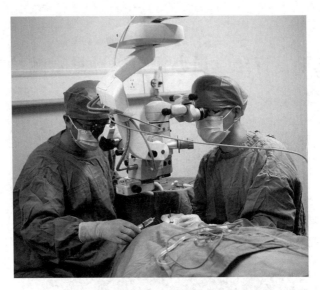

刘良平（右）在手术中
（来源：中山眼科中心）

"不可片面追求高级的技术与设备"

来到凤庆，刘良平始终牢记中山眼科中心主任、医院院长刘奕志的嘱托"不可片面追求高级的技术与设备"，要针对眼科常见病及多发病，开展适宜当地的诊疗技术，减少致盲眼病的发生。凤庆当地白内障患者眼部生物测量存在困难，白核、黑核多见。针对 A 超测量存在的误差，刘良平提出模型眼定期校准、固定检查人员、采取坐位检测等改进措施，提高眼轴测量准确度。将白内障治疗从以前的复明手术逐渐过渡到屈光性白内障手术，开展屈光性白内障手术规划，从患者选择、人工晶体测量和计算公式选择进行规范，并应用新型计算公式提高手术可预测性，提高白内障患者术后视觉质量。

刘良平为凤庆当地医生做培训
（来源：中山眼科中心）

"每个人都应该做好随时能做主刀的准备"

年轻医生的培训是刘良平援助期间的重点工作之一。除了日常带教科室医生规范诊断及病历书写、修改病历并进行质控，每周三早晨，刘良平都会在科内授课，讲解晶状体病的诊治、超声乳化手术、眼部生物测量、人工晶体屈光力计算及人工晶体选择、典型病例讨论等课程，并对散光矫正型人工晶状体的应用进行专题培训。他还将科室闲置的显微手术模拟培训室利用起来，训练当地医生的手术技能。他说："每个人都应该做好随时能做主刀的准备。"

同时，刘良平还牵头组织科室完成临沧市继续教育项目"眼科急症外伤眼底病防治培训学习班"，将中山眼科中心的优质教学资源送到凤庆，辐射云南。2021年11月20日至22日，中山眼科中心的知名眼底病专家梁小玲等多位教授远赴凤庆，以线上线下结合方式，为150多名来自临沧市及附近各区县的眼科同仁进行课程培训。

眼科急症外伤眼底病防治培训班得到了当地学员的一致好评

（来源：中山眼科中心）

"善于在临床工作中发现问题、寻求思路并解决问题"

科研工作方面，刘良平带着在中山眼科中心熏陶的科研思维，着重指导当地医生学会在临床工作中发现问题、寻求思路并解决问题，激励大家对临床科研工作的积极性、主动性和创造性。他对凤庆眼科医生进行中英文文献检索培训，重点介绍 PubMed 数据库的使用以及检索的 PICOS 原则、临床研究的重要性及流程。

"防盲治盲是我们一直坚守的使命"

援助期间，刘良平在工作之余还积极参与防盲义诊和近视防控科普工作：参与凤庆县电视台《茶乡医话》栏目，向凤庆老百姓科普老年性白内障的相关知识；参与易方达教育基金支持的凤庆县村医培训活动，共开展四场老年性白内障的诊治讲座；参与凤庆县卫健局组织专家到营盘中心卫生院开展的医疗义诊活动，并给村医授课，讲解眼科常见病的表现及初步诊治；参与中山大学各附属医院联合凤庆县人民医院在门诊楼开展的大型义诊活动；走进红塘村大摆田完小和鲁史中学，为学生们开展近视防控科普讲座、验光及眼病筛查等。

刘良平给青少年学生开展近视防控科普讲座
（来源：中山眼科中心）

"虽然半年驻地帮扶结束了，但云南凤庆会一直在我的心里，我将继续做好帮扶的纽带和桥梁。"刘良平表示，作为青年党员，有机会在云南凤庆服务奉献，深感荣幸和难忘，更加深刻理解了从脱贫攻坚转向乡村振兴的时代意义。他也坚信在中山眼科中心的持续帮扶下，凤庆眼科这一云南省重点专科将建设得更加夯实，凤庆人民将得到高质量的眼健康医疗服务。

（作者：中山大学中山眼科中心）

周俊：在"滇红之乡"挥洒青春激情

周俊（前排右二）

（来源：附属第八医院）

人物简介：周俊，中山大学附属第八医院重症医学科副主任医师，2021年在云南省临沧市凤庆县人民医院开展为期半年的派驻医疗帮扶。

周俊初到凤庆是2021年一个春寒料峭的上午。在时任中山大学工会常务副主席、定点帮扶工作组组长吴京洪的带领下，周俊和其他九位来自学校各附属医院的同事与凤庆县人民医院的院领导及各被帮扶的科室负责人正式见面了。从温暖潮湿的深圳奔赴祖国边疆县城，周俊迅速调整了自己的状态。她暗暗下定决心，一定要抓紧这半年的时间，为美丽的"滇红之乡"作出自己的贡献。

传授先进技术，解决医患难题

与凤庆县人民医院重症医学科主任王美菊和护士长李树兰交流后，周俊了解到，科室目前已经开展的技术只有气管插管、有创和无创机械通气，以及偶尔进行的深静脉和动脉穿刺。考虑到科室医生护士团队的基础情况，周俊认为这半年应该可以尝试开展重症超声、超声引导下血管及体腔穿刺、有创血流动力学监测、血液净化和纤维支气管镜这几项技术。科室本身并没有相应的仪器设备，为此，周俊和她的同事们一边向医院申请新设备，一边请王主任先向超声科借来超声机，打算从重症超声开始相关的尝试。

作为"看得见的听诊器"，重症超声可以帮助医生快速、安全、无创地对病人进行检查，为重症患者的诊断、治疗提供关键的线索。从第一次查房开始，周俊每次查房都会先做一遍心肺超声示范，然后手把手教科室医生打好每一个标准切面，再引导他们通过超声表现来分析患者的心脏收缩能力、容量负荷情况、肺水量等，并对诊断和治疗做一些修正和指导。经过一段时间的教学，每一位医生都可以熟练地进行心肺超声操作。

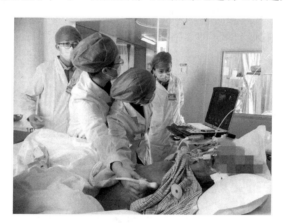

周俊（左二）作心肺超声示范
（来源：附属第八医院）

在日常工作中，周俊发现，科室很多病人在需要留置深静脉导管的时候都没有置管。她向科室年轻医生询问原因，得知是因为他们深静脉置管的操作不熟练，担心误穿胸膜引发气胸、浪费耗材，所以不敢动手。周俊为他们演示了超声引导下血管穿刺，并在科室让他们反复在水盆中练习在超声引导下穿刺止血带。科室的杨子诰医生在值夜班时第一次在超声引导下成功穿刺颈内静脉后，兴奋地给周俊打电话报喜："周老师，这个超声真是太好用了！"

解决了血管穿刺这个问题之后，周俊向医院申请的有创血流动力学监测的模块和耗材也审批下来了。对于很多循环衰竭的危重病人来说，仅仅通过常规的血压、CVP、生化检查及超声是无法全面了解他们的血流动力学状态的，有创血流动力学监测技术则可以很好地弥补这一空白。周俊带着年轻医生们完成穿刺深静脉和股动脉，再连接模块上的温度探头、压力感受器，注射冰盐水后，病人详尽的数据就自动显示在监护仪上了。周俊提前让医生们保存了 PICCO 的诊断树图片，随机点名，让他们对着诊断树根据测量出来的数据来分析患者当时的心功能、容量负荷状态、肺水量，以及下一步该如何处理。在周俊的悉心教导下，医生们对诊断树的应用也从生疏到熟练。

与别的科室不同，重症医学科（ICU）向来是"七分护理三分治疗"，护理不力，医疗效果必然大打折扣。周俊在工作中发现科室的护理力量还十分薄弱，很多护理流程亟需规范，于是她向中山大学附属第八医院的领导说明了这一情况。医院迅速增派了护理能手马飞护士赶赴凤庆。有了他做后盾，科室护士们的护理技术得到了极大提高，护理流程更加规范，周俊的工作也就开展得更加顺利了。

血液净化是肾内科一直开展的项目，但是 ICU 的血液净化治疗时间比常规血液透析长太多，血透室人员紧张，也很难长期派人来 ICU 做床边血液净化，因此，科室自主开展血液净化非常必要。周俊和同事们以科室的名义向医院申请了一台血透机，邀请马飞做指导，通过反复的讲课和培训，肾内科终于也可以开始自己做血液净化了。

深入乡镇，义诊科普，播撒爱心

除了在医院进行查房、讲课、技能培训和考核之外，周俊还积极参与义务科普。凤庆县电视台联合县人民医院开设了一档《茶乡医话》栏目，收视率很高。周俊应邀去电视台讲了一期《ICU 概述》，为大家介绍众人眼中"神秘可怕"的 ICU。她告诉大家 ICU 并不可怕，更像是一座生命"安全岛"，一个挽救生命的地方。

为了更好地服务当地百姓，周俊和同事们还坐着中巴，沿着九曲十八弯的盘山公路到勐佑镇、鲁史镇开展义诊。山里的村民们听说中大的医生们过来义诊，都积极地排队看病。周俊在接诊过程中深切感受到，由于地处山区交通不便，这些年迈的山民即便有积年的顽疾，也只能强忍着。对于贫困山区的人们来说，"送医上门"仍然任重道远。

周俊为当地群众义诊
（来源：附属第八医院）

周俊和同事们还去了大摆田完小，和学校的孩子们一起互动交流，并向他们捐赠了一台投影仪，以便他们更好地进行多媒体教学。

中山大学附属医院派驻凤庆县医疗队捐赠红塘村大摆田完小移动投影仪
（来源：附属第八医院）

了解凤庆，走进凤庆，融入凤庆

与凤庆相处的半年，周俊慢慢了解并爱上了这座地处祖国滇西南的美丽小县城。凤庆的特产是滇红茶和核桃。初到凤庆，周俊并不懂茶，后来她开始参观茶厂，听专业人士介绍各种茶的制作过程和特点。在不断参观和品尝的过程中，周俊也渐渐可以说出"这个茶回甘不错"的半内行话，也开始能分辨出"金针""金芽""古树红"等不同品类滇红茶的区别了。周俊自己也不断地向深圳的家人朋友推介凤庆的滇红茶，当起凤庆的宣传员。

在繁忙的工作之余，周俊和同事们有时会跟着当地户外运动协会的朋友们去爬山、徒步，用脚步丈量凤庆的大美河山。周俊印象最深的一次爬山是他们临走前，户外运动协会的朋友们为了欢送他们，特意"量身定做"了一次"一点都不会累"的爬山活动。当他们满心欢喜地坐车到山脚下时，一抬眼，一条大概 60 度的陡峭泥巴路在他们面前蜿蜒而上。爬完 17 公里的山路后，队员们坐在地上只剩喘气的劲儿。可是，当他们翻过山脊，只见群山环绕、绵延起伏、云雾缭绕，瞬间感受到了天高云淡的豁然开朗，一切的疲惫都烟消云散了。

投身帮扶工作，创造更多价值

周俊很庆幸能够参加这次组团式医疗帮扶活动。在这之前，对"扶贫"的相关认知更多来自媒体上的相关报道。通过这半年的驻扎帮扶，周俊切身感受到祖国西南边陲之地的巨大变化：县城里的道路宽敞，沿路可见整洁的贴着七步洗手法图示的洗手台，威严沉静的文庙前每晚都聚集着欢快跳着广场舞的市民，新开发的符合年轻人口味的观光景点，高速公路和机场也正在修建开通中……这座滇西县城在越变越好，县人民医院也在越变越好。

回到深圳之后，科室的医生发信息告诉周俊，他们现在做穿刺之前都会用超声看看血管，前几天又做了一个血液净化……周俊每每听到这样的消息都倍感欣慰，能有机会加入国家扶贫、乡村振兴战略并贡献自己的绵薄之力，是她一生最幸运也最难忘的回忆。她坚信，一定还会有千千万万个这样的"小我"，为脱贫攻坚、乡村振兴之火不断地添柴加薪，让这把火照亮和温暖每一个需要帮扶的人。

凤庆户外运动协会合影
（来源：附属第八医院）

（作者：中山大学附属第八医院）

后　记

2021 年 7 月 1 日，习近平总书记在庆祝中国共产党成立一百周年大会上庄严宣告，经过全党全国各族人民持续奋斗，我们实现了第一个百年奋斗目标，在中华大地上全面建成了小康社会，历史性地解决了绝对贫困问题。彼时，无数中大人的内心都激荡起自豪之情。回望脱贫攻坚这场伟大实践，我校一批又一批师生干部和医务人员心怀"国之大者"，把个人理想融入国家和民族的伟大梦想之中，深入学校帮扶地开展教学、科研、义诊等帮扶活动，带去精湛的医术、技术、知识、经验、项目，留下一支支带不走的"医疗队""支教队""工作队"，形成一批批促精准、出实效、管长远的落地成果，为夺取脱贫攻坚伟大胜利作出了应有贡献，以实际行动践行了中大人的家国情怀和责任担当。

为更好地记录和宣传扶贫路上中大人的动人故事，2021 年暑假，中山大学定点帮扶工作组及其挂靠单位校工会设立了"追寻脱贫攻坚者的足迹"项目。在定点帮扶工作组的统筹协调下，来自中国语言文学系、历史学系、新闻传播学院等院系的 10 多位学生志愿者，跟随工作组深入云南省临沧市凤庆县和广东省连州市种田村、柯木湾村等地，追寻脱贫攻坚者的足迹，奔赴一个个帮扶工作现场，走访当地干部群众，采访我校挂职驻村干部，回顾那些帮扶路上的难忘时刻。同时，通过面向全校各单位广泛征集，也挖掘了一批脱贫攻坚历程中的先进典型故事。最终汇聚成这本《追寻脱贫攻坚者的足迹》。这些真实的镜头和感人的笔触记录下的，不仅是一段历史，更是一种精神，是中大人在脱贫攻坚路上镌刻下的使命和担当。

学校党委对本书的集结成册高度重视，校党委书记、定点帮扶工作领导小组组长陈春声为本书作序，校党委副书记、校长、定点帮扶工作领导小组组长高松担任本书顾问，校党委副书记、工会主席、定点帮扶工作领导小组副组长国亚萍担任总策划。本书由定点帮扶工作组组长、校工会常务副主席许东黎担任主编，负责总体规划设计。校工会副主席关键负责志愿者招募培训及项目安排，时任定点帮扶工作组秘书林炜双负责带队实地调研、审核修改文稿，校工会梁一川负责文图编辑校对及具体沟通协调，定点帮扶工作组副组长、校工会副主席黎晓天及工作组秘书陈保瑜对文稿及相关设计提供了许多具体支持。本书责任编辑赵再给予了我们宝贵的专业建议。

　　衷心感谢所有一线挂职驻村干部、参与帮扶工作师生的倾情付出，感谢学生志愿者的积极参与，感谢学校党委宣传部对书稿的修改建议，感谢中山大学出版社对项目的大力支持，感谢学校各单位的共同助力，使得本书最终能顺利出版。

　　击鼓催征再出发，奋楫扬帆新征程。脱贫摘帽不是终点，而是新生活、新奋斗的起点。习近平总书记在党的二十大报告中对推进乡村振兴作出了深刻论述和全面部署。中大人将坚定弘扬百年中大精神，踏上巩固脱贫攻坚成果、有序有效推进乡村振兴的新征程，全力以赴为推进中国式现代化建设作出中大贡献。

　　谨以此书致敬所有参与和支持学校脱贫攻坚和乡村振兴事业的教师、医生、干部、学生、校友，向学校百年校庆献礼！

本书编写组
2023 年 3 月